PUTAIN, J'AI SURVÉCU

PUTAIN, J'AI SURVÉCU

FLORENT SPERONI

AVEC LES CONSEILS DE DORIS HENRY

Sous la direction de Frédéric Veille

City

Témoignage

Retrouvez tous les titres City Éditions :

www.city-editions.com

© City Éditions 2024
Photo de couverture : Pascal Delens
Photo de 4e de couverture : Youri Lenquette
ISBN : 978-2-8246-2337-5
Code Hachette : 48 3285 6
Collection dirigée par Christian English et Frédéric Thibaud
Catalogues et manuscrits : city-editions.com

Dépôt légal : Avril 2024

Sommaire

Préface

Force et courage. Voilà, les mots que l'on retient face à son histoire. La force d'affronter sa maladie et le courage de la surpasser. Florent nous montre que peu importe ce que l'on traverse, tout est possible, il suffit de se lancer. Il nous prouve qu'en un élan, nous pouvons escalader une montagne. Dans ce livre, la peur n'est pas un frein mais un moteur. Une ascension effrénée pour atteindre le sommet, une lutte incessante pour y arriver. La course contre le temps, compenser celui qui est passé et optimiser celui à venir. Mais que faire de l'instant présent ?

Lorsque l'on a une épée de Damoclès au-dessus de la tête, on ne réfléchit plus, on provoque le destin et on agit, quel qu'en soit le prix. La lutte sans merci contre sa maladie, déjouer les mauvais tours de son épilepsie et surtout, se battre pour garder, face à cela, la tête hors de l'eau, et ne pas se noyer. Quand l'obscurité tente de s'approcher, il se bat tant bien que mal, pour la repousser.

Florent nous invite à voyager dans sa tête et c'est à cœur ouvert qu'il nous guide. Nous sommes amenés à le découvrir pour certains et à le redécouvrir pour d'autres. Mis à nu, il nous emmène avec honnêteté retracer sa vie, ses bonheurs et ses malheurs. Ses doutes, ses peurs encore présents aujourd'hui mais davantage sa bonne humeur. Une aventure riche et prenante, débordant d'amour et de rage. Rage de survivre, de vivre pour une nouvelle vie, de vivre tout simplement. Le chrono a été enclenché, tout est désormais à gagner, rien n'est à perdre. Que serait une vie si des obstacles ne se tenaient pas devant nous ?

Lui, les obstacles, il les brave, les dépasse mais jamais seul, toujours bien entouré. Car c'est aussi ça, sa force : être entouré par ses proches. Son combat, il ne l'a pas affronté en solitaire, sa passion, il ne la vit pas tout seul, l'amour est présent à chaque instant. Le soutien infaillible de son entourage, que ce soit face à sa maladie ou pour ses vidéos, nous transporte. La bienveillance est là, partout, elle flotte au-dessus de nous tout au long de son ouvrage. Prêt à tout pour réussir, il fonce et toujours, il repousse les limites. Rien n'est trop, jamais assez, on peut toujours faire mieux. Il gravit les montagnes pour aller décrocher la lune. Se challenge sans cesse pour se prouver, à lui et aux autres, à ses abonnés, qu'il peut y arriver. Nous vivons avec lui ses réussites et ce qu'il nomme ses échecs, nous ressentons avec lui le poids de sa maladie et le rappel incessant de son corps face à l'impossible.

Nous comprenons également, au fur et à mesure, que la force et le courage ont constamment fait partie de lui, qu'ils se sont accrus au fil du temps et particulièrement à l'annonce de sa tumeur. Nous constatons très vite, sans que lui s'en rende compte, qu'il était destiné à briller. De Florent Speroni à Le Parfait Inconnu, il nous laisse entrevoir, à travers son récit, sa sensibilité, ses faiblesses et maladresses. Il nous dévoile son regard sur le monde et sur lui-même, un regard à double sens, juste sur ce qui l'entoure et injuste envers sa personne. Florent est un homme courageux, positif et persévérant malgré ses doutes constants. Il est de ce genre d'hommes qui voient toujours le verre à moitié plein, à travers les yeux de qui le monde ne semble pas si nul et dont la vie vaut vraiment la peine d'être vécue.

C'est donc avec humilité et sincérité qu'il se livre sans détour sur son parcours, de la découverte de sa tumeur au développement de ses vidéos. De ses rêves passés accomplis à ses rêves d'entreprendre aujourd'hui.

Elodie Riccetti

1

Enchanté, moi, c'est Flo

Je suis en plein tournage, au milieu d'un salon où règne une chaleur étouffante. Il y a une vingtaine de figurants autour de moi. Ils m'observent tous sans rien dire. Je transpire tellement que le maquillage sur mon visage se détache. Il est censé donner l'impression que j'ai subi une réaction allergique aux cacahuètes mais il est clairement bâclé. Ma veste de costume bleu ciel camoufle des immenses auréoles sous mes aisselles. J'incarne un homme qui se réveille à son propre enterrement, heureusement c'est supposé être une scène comique, pas un film d'horreur à petit budget. Mon caméraman me regarde et me lance :

— Action !

— OK, je… je…

J'essaye de donner ma réplique mais aucun mot ne sort de ma bouche. J'ai l'impression qu'une main invisible, posée sur mes lèvres, m'empêche de parler. J'essaye de faire un pas en arrière sauf que je perds l'équilibre, comme si instantanément j'étais devenu ivre sans avoir bu une goutte d'alcool. Je ferme les yeux. Je veux fuir cette pièce, fuir le plus loin possible. Je sens mon corps partir en arrière et je m'écroule au sol sur le carrelage froid. C'est une légère crise d'épilepsie. Tout le monde se précipite sur moi et quelqu'un m'aide à m'asseoir pendant qu'une personne m'apporte un verre d'eau. J'essaye de me redresser mais ils insistent pour que je reste par terre. Moi, la seule chose qui me préoccupe, c'est qu'on va prendre un retard irrécupérable sur ce tournage si je ne me relève pas. Je les rassure comme je peux en leur disant que je vais bien, mais entre nous c'est faux, je ne vais pas bien. Mais il est hors de question que je laisse ma maladie, ma tumeur cérébrale, m'empêcher d'accomplir mes rêves. Je suis vidéaste et je souhaite devenir acteur.

Je croise le regard d'une jeune figurante de 12 ans. Elle semble terrifiée, du moins c'est ce que je ressens. Elle s'attendait sûrement à rencontrer Le Parfait Inconnu, un youtubeur drôle et farfelu, comme on peut le voir dans ses vidéos, certainement pas l'homme affaibli qui est en face d'elle. À ce moment-là, une révolte monte en moi : je refuse de m'incliner. Je me relève d'un bond en leur disant, tel un chef d'orchestre, que tout le monde doit se remettre à sa place. Mon caméraman tente de m'expliquer que ça serait préférable que je reste encore un peu au sol. Mais je lui coupe la parole :

— Action !

Quand on me demande de me présenter, je ne sais jamais par où commencer. Même si j'ai bien conscience que ça peut mettre mal à l'aise la personne en face de moi, la première chose qui me vient naturellement à l'esprit est l'année 2016. C'est l'année où je me suis trouvé un but dans la vie. C'est l'année où j'ai découvert ma tumeur et où, grâce à elle, j'ai tenté quelque chose que je n'avais jamais osé faire et qui pourtant était inconsciemment ancré au fond de moi depuis des années : réaliser des vidéos humoristiques. C'est elle, aujourd'hui, qui me définit le mieux. Mais cette passion est justement née quand on m'a annoncé que le temps qu'il me restait à vivre était sans doute plus court que ce que je pensais. Les répercussions, à la fois positives et négatives, de cet événement ont eu une telle ampleur dans ma vie que j'en oublierais presque qui j'étais avant.

Ma maladie et ma passion sont liées dans mon esprit parce qu'elles sont apparues en même temps, elles sont indissociables. Je ne peux le nier, ma maladie m'empêche souvent de faire mes vidéos comme je le souhaiterais, elle m'épuise, elle me handicape, elle me met souvent des barrières… Mais sans elle, je n'en aurais probablement jamais publié aucune. Sans elle, je pense que je serais resté inconnu – je ne serais jamais devenu Le Parfait Inconnu.

La plupart des gens me connaissent sous ce pseudonyme, il est vrai que je leur dévoile peu ma vraie personnalité. Je n'ai rien de spécial à cacher, ça n'a seulement jamais été un réflexe pour moi de raconter ma vie privée sur les réseaux sociaux. En réalité, je m'appelle Florent Speroni et je suis né le 26 juillet 1988 à Nancy. J'ai un petit frère, Vincent, qui a cinq ans de moins que moi. Avec le temps, on a interverti les rôles. Il est devenu posé et protecteur avec moi. Il s'est acheté une voiture, une maison, un chien et il s'est même marié alors que moi, je n'ai rien construit en ce sens. À l'école primaire, j'adorais dessiner, je gribouillais des personnages sur tous mes cahiers et je leur inventais à tous des histoires plus rocambolesques les unes que les autres. Mon rêve était de devenir auteur de bandes dessinées, malheureusement il s'est éteint quand ma demande pour rejoindre l'unique classe artistique de seconde de Nancy n'a pas été retenue. J'ai pris ce refus comme un échec, j'ai donc arrêté de dessiner presque du jour au lendemain, parce que j'avais pris conscience que je ne pourrais pas en faire mon métier. J'étais résigné à abandonner mon rêve de gosse. La seule fois où j'ai tenté de me rapprocher du monde artistique, avant les vidéos, c'était en créant un Skyblog en 2005. J'y postais, non pas des photos de ma vraie vie, mais des photomontages avec mon visage. J'avais inventé l'histoire d'un personnage qui était acteur et qui écrivait des vannes.

Ce blog avait alors été élu, à ma grande surprise, Skyblog Star sur la page centrale de ce site. Je recevais jusqu'à 500 commentaires par jour. Un succès aussi fulgurant qu'éphémère, car cette gratification n'a duré qu'une semaine.

À l'adolescence, j'étais beaucoup trop timide, c'était l'un de mes principaux traits de caractère. Je me revois encore croiser une fille du lycée qui me plaisait lors d'une balade avec mes parents dans un parc. Je voulais simplement lui dire bonjour, mais j'ai perdu instantanément tous mes moyens. Je n'ai réussi qu'à bégayer des mots incompréhensibles et à devenir tout rouge. Mon cœur battait tellement vite et tellement fort que j'étais persuadé que tout le monde dans le parc pouvait l'entendre. Elle a esquivé mon long silence et mon malaise en me disant qu'on se reverrait au lycée.

Après coup, dans la voiture, j'étais frustré, j'avais honte, je râlais tout seul, je m'en voulais terriblement de n'avoir aucune confiance en moi. Ma mère tentait de me rassurer en me répétant que cette timidité disparaîtrait avec le temps mais je ne la croyais pas, j'étais persuadé que cette faiblesse me collerait à la peau toute ma vie. Heureusement pour moi, j'ai eu un déclic lors de ma première année de fac d'économie et j'ai commencé à me lancer des défis simples pour affronter ma timidité. J'ai par exemple osé aller aborder une fille de ma promo, en plein milieu d'un groupe de personnes, pour lui proposer qu'on aille boire un verre ensemble.

Plutôt que de bégayer et de perdre tous mes moyens, je me suis conditionné, j'ai interprété face à elle un personnage drôle, sûr de lui, charismatique. Après ça, dès que ma timidité voulait prendre le dessus, je mentais à mon inconscient en lui faisant croire que j'étais un acteur et que ma vie n'était finalement qu'un long film sans fin. En quelques années, à force de me mentir à moi-même, j'ai fini par y croire et ma timidité a totalement disparu. Aujourd'hui, je ne sais même plus ce qu'on est censé ressentir quand on rougit.

Je suis entré à l'IUT de Nancy, en filière de gestion des entreprises et des administrations. En parallèle, j'ai aussi fait pas mal de petits jobs, notamment en boîte de nuit les week-ends. À la fin de mon bac + 2, je me suis pris une année sabbatique plus ou moins forcée. J'avais en effet réussi le concours de l'Institut d'administration des entreprises mais j'avais malheureusement oublié de m'inscrire à l'école. *No joke*, j'étais persuadé que de m'inscrire au concours m'inscrivait automatiquement à l'école. Ce genre d'oubli improbable est représentatif de la tête en l'air que je suis toujours à l'heure actuelle. Alors, sur un coup de tête, je suis parti vivre à Londres.

Je pensais être bon en anglais, j'ai vite déchanté en arrivant là-bas : je me suis pris une sacrée gifle, je ne comprenais qu'un mot sur cinq. Je n'avais aucun repère. Même dans un lieu comme McDonald's, dans lequel je pensais maîtriser l'intégralité du vocabulaire nécessaire, je perdais mes moyens à la caisse quand on me répétait en boucle « *eat in or take away* ? » et que je répondais « *no thanks* » car j'ignorais totalement ce que ça voulait dire, tandis que les personnes derrière moi commençaient à s'impatienter.

J'ai tout de même pris mon courage à deux mains en allant distribuer mon CV dans tous les magasins d'un centre commercial et le lendemain, à 8 heures, j'ai été réveillé par un coup fil de la boutique Hugo Boss. Je ne comprenais pas grand-chose mais je n'osais pas faire répéter chaque phrase à la responsable au téléphone, surtout quand j'ai compris qu'elle me proposait un entretien d'embauche à peine une heure plus tard. Je suis arrivé en courant, je lui ai présenté mes excuses pour mes vingt minutes de retard et elle m'a répondu qu'on avait rendez-vous « *tomorrow, not today* ». Inutile de préciser que ce fut l'entretien d'embauche le plus rapide de ma vie. Heureusement qu'un de mes cousins habitait à Londres depuis quelques mois, c'est d'ailleurs lui qui m'a aidé à obtenir un poste chez Prêt-à-Manger pour travailler en cuisine.

Je n'avais pas besoin d'être bilingue, juste de préparer proprement des sandwichs le plus rapidement possible. À la fin de chaque service, on devait calculer notre moyenne de sandwichs réalisés par heure. Chaque jour, je voulais être meilleur que la veille, chaque jour était un nouveau défi, je n'avais pas besoin de plus pour me motiver. J'adore me lancer des défis, ça donne du sens à mes activités, c'est ma source de motivation. C'est l'un des seuls jobs de ma vie où je trouvais que le temps passait beaucoup trop vite et où j'étais capable de dire « Merde, il ne me reste plus que deux heures pour tout finir ». Les six mois que j'ai passés dans cette grande ville m'ont marqué à tout jamais. C'était la première fois que je quittais mon cocon familial, que je sortais de ma zone de confort. La première fois que je devais me débrouiller seul et que j'ai pu me faire pas mal de potes de nationalités différentes. Je n'y suis resté que six mois, j'ai pourtant l'impression que mon séjour a duré des années tellement j'ai de souvenirs ancrés.

En revenant en France, plutôt que d'intégrer l'IAE, je me suis inscrit à l'école de commerce de Reims. À vrai dire, j'étais mitigé à l'idée de faire une école de commerce. Une part de moi se disait que, presque 10 000 euros par an, c'était très cher et qu'en plus les connaissances qu'on allait me présenter en cours, j'aurais pu les apprendre tout seul en squattant dans une bibliothèque. Et une autre part de moi se disait que c'était le prix à payer pour m'acheter une ligne dans mon CV, une carte de visite pour l'avenir dans le monde marketing ou financier.

Mais je n'étais pas dupe, je levais les yeux au ciel à chaque fois que j'entendais un prof nous dire que ce diplôme nous assurerait un bon salaire dès notre premier job. À peine 21 ans et j'étais déjà aussi ronchon qu'un petit vieux ! J'allais rarement aux soirées étudiantes, je n'avais pas compris que les gens s'y rendaient avant tout pour travailler leur réseau social car ça deviendrait avec le temps leur réseau professionnel. Moi, je voulais simplement avoir des bonnes notes, pas devenir le blond musclé qui porte une veste de football américain et qui est pote avec tout le monde dans son bahut. J'étais ce qu'on appelle, dans le jargon étudiant, un « *nobody* ». Je trouve que ça va bien avec le surnom que je me suis choisi des années plus tard. En deuxième année, j'ai trouvé une alternance au bon moment : ingénieur achat dans une entreprise scientifique. Il était temps, mon compte bancaire commençait à faire la gueule !

Je n'ai jamais compris pourquoi il y avait si peu d'étudiants qui cherchaient une alternance. L'entreprise nous paye l'école, elle nous rémunère tous les mois, même ceux qu'on passe en cours, et ça nous fait de l'expérience avant même qu'on arrive sur le marché du travail. La seule réponse que j'ai trouvée c'est qu'on a moins besoin de ces avantages lorsque notre famille peut nous payer nos frais de scolarité. Est-ce que devenir acheteur était mon objectif professionnel ? Pas spécialement à vrai dire. C'était l'aboutissement de plusieurs décisions prises indépendamment les unes des autres car il fallait à chaque fois que je fasse un choix. Florent, tu fais un bac L, S, ou ES ? Florent, tu vas sur le marché du travail après le lycée ou tu fais une licence, voire un master ? Florent, tu choisis quelle société pour ton alternance ?

J'avais besoin d'argent, donc j'ai accepté la première société qui m'a dit oui. J'avais fait deux entretiens d'embauche avant celui-là, un pour me spécialiser en comptabilité chez KPMG et un autre pour faire de l'audit financier chez Ernst & Young, ma carrière aurait à chaque fois pris une voie différente. Je n'ai pas compris leurs deux refus, je pensais que d'avoir fait une douzaine de petits jobs comme serveur, vendeur ou même éboueur était un sacré avantage pour moi par rapport à mes concurrents (enfin, « camarades de classe » je veux dire) qui n'avaient connu, pour la plupart, que deux stages dans leur vie. Une prof m'avait alors fait un débrief en analysant mon comportement pendant ce type d'entretien, elle m'avait vu démonter et remonter plusieurs fois mon stylo Bic quatre couleurs pendant toute notre conversation. Je n'en revenais pas moi-même d'avoir osé faire ça. Elle m'avait fait prendre conscience que mon esprit s'évade souvent et que ça peut être très mal interprété. J'ai donc posé mes mains sur la table lors de mon troisième entretien et ça a marché, ils m'ont embauché.

J'ai donc commencé cette alternance de deux ans le 1er janvier 2012 sur un site protégé, à la campagne.

J'ai rapidement cherché un appartement près de mon bureau et j'ai choisi le moins cher. Il y avait une poutre en plein milieu de ma porte d'entrée, je devais sauter au-dessus si j'étais pressé ou passer en dessous si j'étais nostalgique de la danse du limbo. Mon poste consistait à gérer un portefeuille d'achats pour des études scientifiques ou des travaux, à lancer des appels d'offres et à négocier les tarifs pour dénicher le meilleur rapport qualité-prix. J'ai appris en quelques jours à faire un nœud de cravate, je voulais venir tous les jours en costume. Un collègue m'a dit que je n'étais pas obligé de venir habillé comme ça quotidiennement, je lui ai répondu que je ne m'habillais pas pour ce que j'étais mais pour ce que je voulais devenir : millionnaire avant 30 ans. Est-ce que je voulais vraiment devenir riche ? Je n'en sais rien, mais il fallait bien que je me trouve un but dans la vie.

Plusieurs potes m'ont dit qu'ingénieur achats, c'était grave stylé comme job, que ça respirait l'intelligence, et que je pouvais être fier de moi. Je me répétais que si eux pensaient ça, ça devait sans doute être vrai. Je n'étais pas convaincu mais c'était moins problématique de les croire, ça m'évitait de remettre ma vie professionnelle en question alors qu'elle venait à peine de commencer.

Mon alternance a duré deux ans pendant lesquels je donnais tout, je voulais me faire bien voir par mes supérieurs. Je faisais parfois des tâches qu'ils ne me demandaient même pas de réaliser, par exemple en leur proposant régulièrement des nouvelles techniques de travail pour améliorer notre productivité. Mais il faut faire preuve de tact quand on agit ainsi car présenter de la nouveauté, c'est indirectement critiquer tout ce qui est déjà en place. Je me souviens de mon N +1 m'annonçant qu'on recevait des Suisses pour négocier un contrat de plusieurs millions d'euros.

Il m'avait dit qu'il ne sentait pas l'acheteur chargé de cette négociation suffisamment impliqué. Je le revois me poser la question :

— Toi, tu te sens prêt pour t'en occuper, Flo ?

Au fond de moi je n'étais pas prêt, je n'étais qu'un alternant après tout. J'ai tout de même dit oui, même si je n'avais aucune crédibilité : je ne pouvais pas me permettre de manquer cette opportunité. J'ai alors demandé que le mot « alternant » soit retiré de l'étiquette sur la porte de mon bureau. Il fallait que j'arrive à leur faire croire, à eux et surtout à moi-même, que j'étais devenu un businessman. J'ai appliqué la même technique que celle que j'utilisais pour camoufler ma timidité. Ce n'est pas moi qui ai accueilli les Suisses, et encore heureux, car j'aurais vite perdu mes moyens. Non, c'est le personnage que j'interprétais qui a géré cette négociation : un homme d'affaires overbooké, sûr de lui, qui faisait ça depuis des années et non pas depuis quatre minutes comme moi. Il balançait des vannes de temps en temps pour montrer qu'il était à l'aise. Je le rendais sympa mais pas trop car j'avais tout de même conscience que ça restait un rendez-vous professionnel.

Je me souviens, à la fin de notre réunion, leur avoir dit au revoir avec le sourire et m'être dépêché d'aller m'enfermer dans mon bureau pour faire retomber la pression et pour me féliciter moi-même de cette prestation. Je venais de prendre beaucoup de plaisir à incarner cet homme d'affaires qui m'a permis de gérer de manière efficace cette rencontre. J'ai donc, pendant toute ma carrière, utilisé ce personnage, cet *alter ego*, à chaque fois que je sentais que je perdais en assurance ou en crédibilité professionnelle. En jouant ce mec, je pouvais me permettre de viser haut et d'avoir les dents qui rayaient le parquet.

Une autre fois, j'ai carrément pris l'initiative, un dimanche soir, d'écrire le discours que mon directeur, mon N +2, devait faire quelques jours plus tard, sans qu'il m'ait demandé de l'aider. Je me suis même enregistré oralement pour lui présenter les intonations que je lui conseillais d'utiliser. C'était culotté de ma part mais c'est passé. Je lui ai également annoncé, pendant un entretien annuel, que mon objectif était clairement de devenir chef de mon service. Ça l'a fait marrer et il m'a expliqué qu'il fallait savoir rester discret sur ses ambitions.

Sauf que moi, c'était assumé, je ne voulais plus rester discret. Et heureusement que ce n'était pas mon objectif quand je vois que, des années plus tard, certaines de mes vidéos ont dépassé les 10 millions de vues sur YouTube. Ça aurait été difficile de rester discret.

Je commençais à avoir une vie posée, métro, boulot, dodo – à la différence que moi, j'y allais en bagnole – avant l'arrivée de ma tumeur cérébrale qui a chamboulé ma vie entière et qui m'a fait découvrir ma nouvelle passion. Elles m'ont toutes deux offert ce que j'appelle « une seconde naissance ».

Les gens m'ont répété au fil des années que j'ai été fort, qu'ils n'auraient jamais eu mon courage. J'aurais sans doute fait partie de ces gens-là si ce n'était pas mon histoire.

2

La balle de ping-pong

La première chose qui me vient à l'esprit lorsqu'on m'invite à parler de ma maladie, c'est le 1er février 2016. Le jour où ma vie a basculé, le jour où j'ai fait sa connaissance. Je me souviens être dans l'appartement de ma copine de l'époque, Sophie, à Nancy. C'est un lundi soir et je suis épuisé par ma journée de travail. Je confirme que les lundis paraissent toujours cent fois plus harassants que les vendredis, surtout pour un fêtard comme moi. Nous sommes affalés sur le canapé devant *Top Chef.*

J'essaie de me donner bonne conscience en lisant quelques pages d'un roman, mais très vite, je n'arrive plus à distinguer les lettres. J'ai comme une légère sensation de perdre lentement ma vue, et progressivement, ces pages blanches s'assombrissent. Je lève les yeux et je découvre que ce ne sont pas seulement les pages qui prennent une couleur foncée, mais toute la pièce autour de moi. Suis-je en train de m'évanouir ? Est-ce un coup de fatigue ?

Au moment où j'essaie de le dire à ma copine, je n'arrive plus à articuler, mes paroles sont incohérentes. Dans ma tête, je veux lui dire : « Chérie, je perds la vue » mais les mots sortent de ma bouche comme si un dentiste venait de me l'anesthésier. Ce qui sort ressemble alors à :

— Hérie, eu perd la uh !

— Florent, c'est une blague ? me répond-elle.

— Onh, euh te zure que onh !

Je commence à paniquer, ce qui se matérialise aussi par une intense transpiration. Sophie attrape le téléphone.

— Florent, j'appelle les urgences. Donc si c'est une blague, dis-le-moi maintenant !

— Onh, onh, appè-èh !

Mes paroles restent encore brouillées et incohérentes. Je pense que je suis en train de faire un AVC. Sophie n'ose pas me le dire mais elle émet la même hypothèse. Les urgences décrochent. Sophie répond à quelques questions puis me donne le téléphone. On me demande d'expliquer mes symptômes. Je bafouille des réponses incompréhensibles. On dirait un mec bourré qui demande une clope devant une boîte de nuit à 5 heures du matin.

— Votre copine peut conduire ?

— Houi.

— Alors venez directement aux urgences.

Sur place, la dame de l'accueil me pose plusieurs questions. En y répondant, je constate que je parviens de nouveau à parler correctement. Et ma vue est quasiment redevenue normale. Je reste néanmoins un peu perché. Je mets une seconde de trop à comprendre chacune de ses phrases. On m'installe dans une petite pièce où une infirmière me perfuse au cas où une opération serait nécessaire. Puis un médecin vient vérifier si je peux correctement bouger l'ensemble de mes membres afin d'analyser s'il s'agit d'un AVC. Mais je vais bien, je n'ai aucune paralysie notable. Ils nous font alors patienter dans une autre salle d'attente à l'étage.

Plusieurs fois, je propose à Sophie de rentrer dormir mais elle refuse, elle veut forcément savoir ce que j'ai. Les heures défilent, le temps paraît infiniment long. Il est 6 heures du matin, une infirmière m'informe qu'une chambre s'est libérée et que je vais enfin pouvoir dormir. À 9 heures, on vient me chercher pour passer un scanner cérébral. Pendant cinq minutes, des rayons X tournent autour de moi dans le but de réaliser une photo 3D de mon cerveau. Probablement la photo la plus intime de moi jamais prise.

Puis, sans me préciser le moindre résultat, on m'emmène dans une autre salle pour passer une échographie des artères de mon cou, celles qui montent jusqu'à mon cerveau, afin de vérifier si aucune d'elles n'est bouchée par un dépôt de graisse. Le médecin ne me dit rien, il place sa sonde sur mon cou à droite, à gauche puis de nouveau à droite. Je l'entends prendre des photos. Pourquoi est-ce qu'il passe autant de temps ? Est-ce parce qu'il a détecté quelque chose ? Si je n'avais rien eu, cet examen ne serait pas aussi long. Il repose la sonde, j'ai anticipé la scène, il va m'annoncer une mauvaise nouvelle :

— Bon, écoutez, je ne vois rien d'anormal, vos artères sont parfaites. Ce n'est pas un AVC.

Ai-je bien entendu ? J'ai envie de crier « Yessssss ! » en secouant ce médecin dans tous les sens, mais un simple « D'accord » courtois sort de ma bouche. Il poursuit :

— Ils vous ont dit quoi après le scanner ?

— Rien.

— Ah… Parce qu'en réalité, vous avez des lésions cérébrales.

— OK.

Je sors de cette salle, patiente seul dans un couloir et mon regard se perd au plafond. Qu'est-ce qu'une lésion cérébrale ? C'est grave ? Je n'y connais rien. Peut-être qu'on en a tous, finalement ?

Chaque petit choc de notre crâne en crée probablement des infimes. J'ai pratiqué plusieurs sports qui en ont peut-être provoqué, comme le foot ou le free-fight par exemple. Combien de coups ai-je reçus au visage ? Combien de fois ma tête a-t-elle frappé un ballon ? Des centaines, des milliers de fois ?

Ces lésions viennent probablement de toutes mes aventures. Et si c'est ça, elles doivent être minimes car je n'ai jamais eu le moindre symptôme. C'est finalement la première personne à m'annoncer que j'ai quelque chose. Un autre médecin vient me voir dans ma chambre. Il est jeune, sans doute un interne. Il m'explique :

— On vous a fait un certificat médical pour vous arrêter une semaine.

Après tout, c'était certainement un coup de fatigue, un peu de repos ne me ferait pas de mal. Il poursuit timidement :

— On vous a également prescrit un médicament, le Keppra, à prendre tous les jours. C'est un antiépileptique.

Ça, par contre, c'est hors de question que j'aille le chercher ! C'est quoi, un antiépileptique ? Est-ce qu'il me l'a prescrit juste pour me rassurer ? Moi, je suis du genre à ne jamais prendre de médicaments, ne serait-ce qu'un simple Doliprane, alors ce n'est pas pour aller me gaver de celui-là, sorti de nulle part. Surtout que personne, vraiment personne, ne m'a expliqué en détail ce que j'ai réellement. Il conclut cette discussion en me tendant un bout de papier :

— Voilà votre certificat, vous pouvez rentrer chez vous.

Mon hypothèse à ce moment précis, c'est que j'ai fait un *burn-out* et que là, on m'offre une semaine de repos. Je sais que la piste de l'AVC est écartée et au fond, c'est ça le plus important. Je me sens soulagé. Le fait d'avoir des lésions cérébrales, c'est rentré par une oreille et ressorti par l'autre.

Le soir même, je suis allé boire un verre avec un de mes meilleurs potes et je lui ai raconté ma péripétie. Je le vois réfléchir et m'annoncer que ça ressemble énormément à ce qui est arrivé à un ami à lui. On lui avait découvert une tumeur cérébrale de la taille d'une orange et malheureusement, il en est mort depuis. Sur le coup, je ne vois absolument pas le rapport avec mon histoire car pour moi, à cet instant, je n'ai rien du tout.

J'ai tout de même rendez-vous la semaine suivante, le 8 février, avec un neurologue à Nancy. Je me dis que c'est sans doute pour faire un bilan de cette semaine d'arrêt maladie, rien de plus. Je me rends plutôt tranquillement à ce rendez-vous avec Sophie. Je suis persuadé que le médecin va nous dire que tout va pour le mieux dans le meilleur des mondes. L'atmosphère est très détendue pendant les vingt premières minutes. Je sors des vannes, il est réceptif quand, sans transition aucune, le médecin tourne l'écran de son ordinateur vers moi. Je revois l'image en noir et blanc d'un cerveau, apparemment ça ressemble à ça. Il y a une grosse tache blanche sur l'hémisphère gauche, on ne peut pas la rater car elle fait la taille d'une balle de ping-pong. Il la pointe du doigt et m'annonce :

— Ce que vous voyez, c'est une tumeur cérébrale.

Je hoche la tête, sans rien dire, j'ignore pourquoi il me montre ça. Je le regarde en souriant, j'attends qu'il poursuive. Après quelques secondes d'un silence pesant, je rétorque :

— Attendez, c'est mon cerveau ça ?

— Oui.

— Donc ça veut dire que… j'ai une tumeur ?

— Oui.

Normalement dans les films, après ce genre de mauvaise nouvelle, c'est le moment où une musique émouvante débute et où les acteurs se mettent à pleurer comme des madeleines. Sauf qu'on n'est pas dans un film, là. Moi, bizarrement, je ne ressens aucune émotion et ne comprends pas l'impact de cette annonce. Un peu comme s'il venait juste de me diagnostiquer un rhume. Je me mets alors à le bombarder de questions, de manière insouciante, car j'ignore totalement ce que c'est :

— C'est quoi une tumeur ? Pourquoi j'en ai une ? Comment ça se soigne ?

Le neurologue les prend les unes après les autres pour y répondre calmement : une tumeur cérébrale est une sorte de cancer. Ce sont des cellules qui n'ont rien à faire dans le cerveau et qui pourtant s'y développent de manière incontrôlée. On ignore malheureusement ce qui peut provoquer ce genre de maladie, la chirurgie est le traitement principalement choisi pour ralentir son évolution en la retirant. Une radiothérapie ou une chimiothérapie peuvent parfois venir en complément de cette chirurgie, notamment si cette dernière est trop complexe à réaliser.

Après ses explications, je lui balance :

— Et ça prend forme comment ? C'est quelque chose qui grossit au-dessus du cerveau ?

— Non, en fait, ça se développe à l'intérieur même du cerveau.

— Donc si vous m'opérez, ce serait pour… retirer une partie de mon cerveau ?

— Exactement.

Là, je n'en reviens pas. Il est donc possible de vivre avec un morceau de notre encéphale en moins ? La réponse peut paraître évidente pour des personnes qui travaillent dans le monde médical ou qui se sont déjà renseignées sur le sujet. Mais pour moi, cette information est totalement lunaire. *What the fuck ?!* Sophie attrape ma main et la serre. Je n'ose pas la regarder car je sens que si je fais ça, elle va fondre en larmes. Ce n'est pas le moment, j'ai encore plein de questions à lui poser. Je continue :

— Mais c'est normal que je ne ressente rien ? Je n'ai pas de douleur ou de migraine.

— Oui, les tumeurs peuvent parfois être asymptomatiques.

— Asymptoma-quoi ?

— Sans symptôme, je veux dire. Ça dépend d'énormément de facteurs : de son emplacement, de sa taille, de sa vitesse d'évolution, etc. Vous, on l'a découverte car vous avez fait une légère crise d'épilepsie la semaine dernière. Et c'est généralement de cette manière qu'on les détecte.

Ah d'accord ! Ma perte de vue et mon incapacité à parler correctement devant *Top Chef*, c'était donc une crise d'épilepsie, on peut en faire sans qu'il y ait forcément de convulsions. J'ai alors compris pourquoi l'hôpital m'avait prescrit un antiépileptique.

Je préviens le neurologue qu'en réalité, j'ai jeté cette ordonnance et que je ne suis jamais allé chercher ce médicament. Il m'affirme que je risque de connaître d'autres crises similaires. J'acquiesce en lui réclamant une nouvelle ordonnance. Ce coup-ci, promis, elle ne finira pas dans une poubelle. Le neurologue m'annonce qu'il me met en arrêt maladie pendant trois mois. Je refuse instantanément cette proposition, je vais bien, je suis en forme. Ce serait illégitime de ma part de rester chez moi durant trois mois, surtout que j'ai énormément de dossiers à gérer pour mon travail. Qu'est-ce que mes collègues vont penser de moi si je disparais comme ça, du jour au lendemain ? Le médecin insiste en m'expliquant que le traitement que je vais prendre, le Keppra, va énormément me fatiguer et qu'il me faudra potentiellement plusieurs semaines pour m'y adapter. Bon, j'accepte qu'il m'arrête un mois mais pas plus.

Pour finir, il aborde le sujet de l'opération et m'informe que la tumeur n'est pas idéalement située et que l'intervention pourrait s'avérer délicate et complexe. Mais il tente aussitôt de me rassurer :

— Mais ne vous inquiétez pas, on est en contact avec un neurochirurgien qui est basé à Montpellier. Si besoin, on lui demandera de vous opérer. Il s'appelle Hugues Duffau.

Je note directement son nom pour me renseigner sur lui. Le neurologue me tend la main pour me dire chaleureusement « au revoir » et m'annonce qu'on se reverra dans quelques semaines. Je sors du bureau avec Sophie, on avance dans le couloir sans rien dire et nos regards se croisent enfin. Elle éclate alors en sanglots. Je la prends dans mes bras en lui chuchotant en boucle que tout va bien se passer. On monte dans ma voiture et elle me demande :

— Qu'est-ce qu'on fait ?

— Eh bien… Je pense qu'il faut que j'aille annoncer cette mauvaise nouvelle à mes parents et à mon frère.

Et au moment où je finis cette phrase, je prends conscience qu'il s'agit peut-être d'une « mauvaise nouvelle » et que ça va sans doute ébranler tout mon entourage. À cette pensée, la culpabilité monte, mes mains viennent cacher mon visage et je me mets à pleurer à chaudes larmes. Par ma faute, le moral de tout le monde va être flingué.

— Après si tu veux, on n'y va pas ce soir.

— Non, je veux y aller tout de suite.

Je me vois devant leur porte, prendre une profonde inspiration avant d'entrer. Je les rejoins dans la cuisine et je leur demande de s'asseoir en essayant de sourire. Avec une voix tremblotante, je leur dis :

— Bon, je ne vais pas y aller par quatre chemins. On vient de me découvrir une tumeur cérébrale.

En écrivant ce passage, des larmes coulent sur mon visage et tombent sur le clavier de mon ordinateur. Je n'ai même pas envie de les retenir. Je ne me souviens plus de la réaction de mes parents ni de ce qu'ils m'ont réellement répondu. Et ça tombe bien, c'est un souvenir que j'ai toujours souhaité oublier à tout jamais. J'ai eu l'impression de leur avoir annoncé indirectement que j'allais peut-être quitter ce monde avant eux.

Je pense qu'aucun parent n'a envie d'entendre cette phrase sortir de la bouche de son enfant.

Le lendemain, je commence mon traitement antiépileptique et je me souviens d'avoir été au ralenti, dès le premier comprimé, à cause de tous ses effets secondaires. J'ai du mal à me réveiller le matin et je suis constamment fatigué. Je réfléchis de manière plus lente, comme si je n'avais pas dormi de la nuit. Je deviens également instantanément photosensible ; les lumières de mon salon, habituellement sympa avec mes yeux, les agressent désormais.

Quelques semaines plus tard, j'ai mon second rendez-vous avec le neurologue de Nancy et cette fois mon père se joint à Sophie et moi. Mais son discours est différent de la fois précédente, je trouve qu'il se perd dans ses explications. La première fois, tout me paraissait clair mais cette fois-ci, j'ai l'impression qu'il se contredit lui-même. Il m'annonce par exemple que je peux continuer à conduire malgré mon épilepsie alors qu'au premier rendez-vous, il m'avait déclaré que c'était interdit. Enfin, il m'affirme que mon opération aura lieu sur place, à Nancy, et que cette intervention sera simple. Je rétorque :

— Simple ? Mais vous m'aviez dit que ma tumeur était mal située.

— Ah non, je n'ai jamais dit ça.

Je fronce les sourcils, je ne sais pas quoi répondre. Je regarde Sophie, qui semble désarçonnée comme moi.

— En fait vous m'aviez parlé d'un de vos confrères à Montpellier et...

— Non, je ne vois pas pourquoi je vous aurais parlé de lui.

Moi, je ne vois surtout pas pourquoi j'aurais pu connaître son nom s'il ne m'en avait pas parlé. Il continue :

— Ne vous inquiétez pas, on a quelqu'un ici qui sait faire.

« Qui sait faire » ? On dirait plus une phrase de garagiste que de médecin. Mon père commence à s'agacer comme moi et il lui demande :

— Et si c'était votre fils qui avait une tumeur, vous le feriez opérer à Nancy ou à Montpellier ?

— Je ne souhaite pas répondre à cette question.

À partir de là, notre conversation se crispe progressivement, elle devient de plus en plus froide. Il me propose de prolonger mon arrêt maladie de plusieurs mois, jusqu'à ce qu'on cale une date d'opération. Ce coup-ci, vu les effets secondaires de mon traitement, j'accepte son ordonnance sans hésiter. Le rendez-vous se termine, on se lève, il me tend la main et me dit :

— En attendant, profitez de la vie.

Cette phrase me laisse perplexe. J'ai l'impression d'avoir entendu « Profitez de la vie car vous allez bientôt claquer ». Ce rendez-vous m'a plus troublé que rassuré, il était évident que je ne voulais plus le voir, que je devais changer de neurologue.

Quand je rentre chez moi, je tape immédiatement « Hugues Duffau » sur Google. Je tombe sur plusieurs articles qui parlent de lui et sur des interviews télévisées. Il opère ses patients de manière… éveillée ! C'est possible ça ? Mes recherches sur lui me font découvrir son livre, publié quelques mois plus tôt, intitulé *L'Erreur de Broca. Exploration d'un cerveau éveillé*.

Je l'achète donc sans hésiter et je le dévore en quelques heures. À ma grande surprise, je le lis avec facilité. Son ouvrage n'est pas écrit uniquement pour le monde médical, il est au contraire accessible pour un large public. Il présente en détail la manière dont il accompagne un patient, depuis la révélation de sa tumeur jusqu'à sa convalescence après l'opération.

Hugues Duffau a été critiqué par énormément de médecins car il a remis en cause quelque chose d'ancré et d'acté dans le monde médical depuis cent cinquante ans : l'aire de Broca. Son nom provient de Paul Broca et fait référence à une partie du cerveau qui gère la parole. Paul Broca avait découvert que, lorsqu'une personne perd la faculté de parler à cause d'une tumeur, c'est parce que celle-ci se situe à chaque fois dans une zone bien précise du cerveau. Il a émis cette hypothèse en se basant sur un patient décédé. Donc il a imaginé que tous les cerveaux étaient en quelque sorte rangés de la même manière, avec des zones qui gèrent chaque faculté, comme des tiroirs.

Sauf que Duffau a prouvé, au contraire, en opérant des centaines de patients, que chaque cerveau est différent. Par exemple, lorsqu'une tumeur se développe dans cette aire de Broca, qui gère donc la parole, le patient ne perd pas forcément son langage, surtout si sa tumeur s'est développée lentement. Cela signifie que le cerveau prend le temps de déplacer ses facultés face à la menace de l'évolution de la tumeur. On appelle ça la neuroplasticité du cerveau : c'est le cerveau entier qui combat la maladie et pas uniquement la zone touchée.

Le professeur opère son patient éveillé pour s'assurer, durant l'opération, que les zones du cerveau qu'il enlève ne sont désormais plus utiles. Il arrive parfois qu'une zone touchée par la tumeur possède encore une faculté car le cerveau n'a pas encore eu le temps de la déplacer. Retirer cette zone pourrait avoir pour conséquence de faire perdre cette faculté au patient. Le neurochirurgien s'en assure, à l'aide d'une sonde, de légères décharges électriques sur la zone qu'il s'apprête à enlever. Grâce à cette sonde, pendant quelques secondes, les neurones ne peuvent plus communiquer entre eux. S'il constate par exemple que le patient n'arrive plus à lui parler, alors il ne la touche pas.

Un exemple qui m'a marqué dans son livre et que je trouve incroyable, c'est qu'il a opéré une polyglotte qui parlait cinq langues différentes : le russe, le français, l'anglais, l'italien et l'espagnol. Il lui a demandé de choisir uniquement trois langues parmi les cinq pour éviter que l'opération soit trop longue et pour retirer suffisamment de la tumeur. Elle a choisi de garder le russe, l'anglais et le français. Durant toute l'opération, chaque question lui était posée dans les trois langues pour s'assurer qu'elle ne les perde pas. Au réveil, elle ne parlait plus l'espagnol et l'italien. Cette histoire est impressionnante, le cerveau est tellement surprenant. J'ai parfois l'impression qu'on en connaît autant sur le cerveau que sur l'univers qui nous entoure.

J'ai donc été conquis par son récit, je le suis toujours d'ailleurs. Le professeur Duffau est un génie pour moi, une pointure de la médecine, je lui ai fait confiance et j'ai eu raison. Je voulais que ce soit lui qui s'occupe de moi et personne d'autre. Il se trouve qu'un ami de mes parents, Marc, a pu me mettre en relation avec lui. J'ai réussi à obtenir un rendez-vous avec lui deux mois plus tard.

3

Exploration de mon cerveau

Je suis donc parti à Montpellier le 12 avril 2016 avec mon père, pour rencontrer le professeur Duffau. Il m'avait demandé de ne pas venir seul, car il souhaite toujours recevoir ses patients accompagnés de leurs proches, c'est son protocole : il peut répondre aux questions de tout le monde et s'assurer que tout soit clair. Il a conscience qu'une tumeur cérébrale ne touche pas uniquement le patient mais également son réseau familial et amical. Son empathie lui a permis de comprendre la puissance de notre entourage. Il a totalement raison et j'en ai bien conscience aujourd'hui. Ma famille et mes amis ont tous été atteints par ma maladie et c'est leur soutien qui m'a permis de lui faire face. Affronter seul une telle épreuve me semble inconcevable car, à mon sens, nous ne sommes pas des êtres isolés.

Je visualise sans difficulté l'arrivée de M. Duffau qui vient nous chercher en salle d'attente. Je lui serre la main en ayant l'impression de l'avoir déjà rencontré. Sûrement parce que je l'ai aperçu plusieurs fois à la télé et que j'ai lu son bouquin. Ça peut nous faire le même effet lorsqu'on croise une célébrité. En m'asseyant à son bureau, je suis captivé par le nombre de prix, de diplômes et de médailles qui tapissent ses murs. Mon père et moi, on laisse nos yeux s'évader de droite à gauche. Je remarque qu'il a également reçu beaucoup de cadeaux, peut-être de gens à qui il a sauvé la vie. J'avoue que c'est un peu le bordel sur son bureau, il est rempli de livres, de dossiers, de Post-it, de stylos, etc. M. Duffau, sur son ordinateur, analyse les résultats de mon IRM. Il me jette quelques regards discrets et semble intrigué par ma sérénité. Il m'annonce alors calmement les faits :

— Votre tumeur fait 30 centimètres cubes, elle touche trois zones : les émotions, l'ouïe et la mémoire. Je ne pourrai pas retirer l'intégralité de votre tumeur. Il est possible que certaines zones du gliome soient encore fonctionnelles pour votre cerveau. L'extraire entièrement aurait sans doute pour conséquence de vous faire perdre des facultés. C'est pourquoi, dans votre cas, il est crucial de procéder à l'intervention tout en restant éveillé. Si vous étiez sous anesthésie générale, je ne pourrais pas évaluer la fonctionnalité des différentes zones impactées avant de les retirer.

J'ai l'impression de l'entendre me répéter quelque chose que je sais déjà, comme si je regardais un épisode que j'avais déjà vu. Je le coupe, avec le sourire, en lui disant que j'ai lu son livre et qu'au passage, il est très bien. Il me répond :

— Ah, je comprends mieux pourquoi vous avez l'air tous les deux si détendus. Normalement, on me pose énormément de questions.

Il me donne davantage de détails sur l'opération qui m'attend. Il m'explique qu'il est préférable d'opérer tout de suite et de ne pas attendre pour éviter que ce soit trop tard. Pour lui, c'est mieux de prendre de l'avance sur un danger. Il me montre ensuite où sera ma cicatrice en me précisant qu'elle sera cachée par mes cheveux. Je lui dis :

— J'espère ne pas devenir chauve rapidement alors, histoire qu'on ne la voie pas tout de suite.

— Bah regardez votre père, il ne l'est pas lui.

— Ouais, sauf qu'on ne se ressemble pas plus que ça. Parfois je me demande si c'est réellement mon père.

Mon papa éclate de rire. C'est plus fort que moi, je ne peux jamais m'empêcher de raconter des conneries. On en oublierait presque que c'est censé être une discussion hyper sérieuse. Puis le docteur regarde son agenda et m'annonce que l'opération aura lieu le

4 juillet 2016. Ça fait naître un large sourire sur mon visage car, le 4 juillet, c'est la Saint-Florent.

J'ai pleinement confiance en lui, en plus j'ai appris qu'avant d'opérer, il répète ses gestes par l'imagerie mentale. Comme un pilote de Formule 1 qui ferme les yeux pour visualiser le tracé de la route avant de se lancer dans un Grand Prix. Cette opération est un pari sur l'avenir, pour contrôler la maladie dans les prochaines années, et pouvoir vivre normalement sans toutefois guérir. Une opération avec une participation active du patient, une sorte de contrat moral entre le professeur et moi. De mon côté, je m'engage à entièrement coopérer pendant la phase de tests, gage de succès de la chirurgie. De son côté, c'est l'obligation de réussir chaque geste. C'était une grande étape pour moi, mais ça l'a également été pour lui aussi.

Nous y voilà. Le 4 juillet 2016. Comment oublier le jour le plus important de ma vie, celui de mon opération ? Je m'étais réveillé avec le sourire, j'étais prêt et étonnamment détendu, sans aucune peur. J'étais arrivé quelques jours avant à Montpellier où j'avais dû y faire une dernière IRM pour vérifier si ma tumeur n'avait pas évolué depuis avril. Elle n'avait pas bougé.

Je me souviens du visage des deux brancardiers qui rentrent dans ma chambre pour m'emmener au bloc opératoire. Je leur propose de les accompagner à pied mais ils me demandent de respecter le protocole en restant allongé sur leur brancard. Je m'exécute sans chipoter et arrive alors dans la salle d'opération, sans bouger, comme Aladdin sur son tapis volant. C'est une grande pièce blanche, parfaitement éclairée, avec un seul lit en plein milieu. Plusieurs personnes en blouse médicale bleue, avec un masque et un calot sur la tête, me saluent.

J'ignore la température de cette pièce mais je ressens le froid ambiant. Ils m'installent sur le lit dans une position peu commune, sur le flanc, en PLS. Mon bras droit est placé en angle droit devant. Je dois pouvoir plier le coude, de haut en bas, sans cesse pendant l'opération. Le but est de vérifier si je ne perds pas une capacité motrice. Ils prennent le temps de m'installer le plus confortablement possible car l'opération durera environ six heures. Un ordinateur est installé en face de mes yeux. Il est piloté par une neuropsychologue, qui assiste le professeur Duffau, et qui restera à mes côtés pour mener toute une série de tests avec moi. Elle va faire défiler sur l'écran, toutes les quatre secondes, des dessins que je devrai décrire à voix haute.

— Vous êtes à l'aise ? me demande-t-on.

— Ouais nickel !

L'opération peut alors commencer. L'anesthésiste m'endort complètement pendant les deux premières heures car ils n'ont pas besoin que je sois conscient pour les premières étapes. C'est le temps nécessaire à l'équipe médicale pour effectuer les préparatifs. Ils incisent mon cuir chevelu et enlèvent une partie de ma boîte crânienne, juste au-dessus de l'emplacement de ma tumeur.

Le produit anesthésiant est calculé pour s'arrêter pile au moment où ils ont besoin de moi. Je reviens à la réalité en ayant l'impression d'avoir fermé mes paupières pendant quelques secondes, mais certainement pas pendant deux heures. Par contre, je suis dans le gaz, pire qu'un lendemain de cuite ! Je ressens instantanément une douleur au dos, j'ai la sensation d'être mal installé sur le lit.

J'essaie alors de bouger mais c'est impossible, je suis totalement immobilisé. La seule chose que je peux déplacer, c'est mon bras droit, le reste de mon corps est maintenu. Mais ça me semble normal, ce serait sans doute catastrophique que je bouge, ne serait-ce que d'un millimètre, pendant une opération aussi minutieuse. OK, tant pis, je vais faire avec et faire abstraction de cette douleur. Par contre, je ne ressens absolument rien au niveau de mon crâne, aucune douleur, aucune sensation de toucher. L'ordinateur devant moi est allumé et j'aperçois un dessin. Je connais le principe : je suis censé dire ce que je vois.

Donc je ne perds pas une seconde et je me lance. Je souris en repensant à la manière dont je dis – gueule plutôt :

— Ceci est une maison !

La neuropsychologue me répond en rigolant :

— Non attendez, il n'y a personne derrière vous pour le moment. Prenez le temps de vous réveiller calmement. On vous dira quand y aller.

J'entends quelques minutes plus tard des bruits derrière moi, plusieurs personnes reviennent dans la salle. Je reconnais instantanément la voix de M. Duffau.

— Tout va bien, Florent ?

— Oui, tout va bien. Et vous, ça va ?

J'entends quelques rires. Bah quoi ? Moi, à chaque fois que quelqu'un me demande si je vais bien, je lui réponds « et vous », quelle que soit la situation. Je ne sais pas combien ils sont, mais une chose est sûre, en tout cas : il n'est pas tout seul. Il s'installe derrière moi, face à mon cerveau et me demande :

— Vous êtes prêt, Florent ?

— Bien sûr que je suis prêt.

— Très bien. À partir de maintenant, vous allez constamment déplacer votre bras de haut en bas…

Avant même qu'il ne termine sa phrase, je commence déjà à secouer mon bras.

— Et vous allez nous dire ce que vous voyez sur l'ordinateur, en face de vous, à chaque fois qu'un nouveau dessin apparaît.

— Là, c'est une maison.

— D'accord. Et n'oubliez surtout pas de nous prévenir si jamais vous perdez la vue, Florent. Car nous, on peut constater si vous n'arrivez plus à bouger votre bras ou si vous ne reconnaissez plus une image. Mais vous êtes le seul à être capable de nous dire si vous devenez aveugle.

— Vous pouvez compter sur moi.

À ce moment-là, je ferme les yeux et prends une profonde inspiration. On y est. Ce qu'on m'a annoncé il y a cinq mois, ce n'était pas une blague et je dois l'affronter là, tout de suite. S'il y a un moment dans ma vie où je dois faire preuve de force et de détermination, c'est bien maintenant !

Le neurochirurgien attrape un stimulateur électrique et le dépose sur ma tumeur pour effectuer une légère décharge de trois secondes. Cela a pour effet, pendant ce court laps de temps, d'empêcher les neurones de communiquer entre eux dans la toute petite zone concernée. C'est simple : si jamais je peux continuer à bouger mon bras, à décrire le dessin en face de moi et que je ne perds pas la vue, alors il enlève cette partie de mon gliome. En revanche, si un de ces trois effets est détecté, il ne la retire pas car ça pourrait avoir pour conséquence de me faire perdre, temporairement ou définitivement, une faculté.

Voilà pourquoi cette opération est un travail d'équipe. Il a autant besoin de moi que j'ai besoin de lui. Je suis son Tom, c'est mon Jerry. Je suis son Starsky, c'est mon Hutch. (Concentre-toi Flo, ce n'est pas le sujet, là.) Un nouveau dessin apparaît en face de moi, la neuropsychologue me dit :

— Allez-y, dites-nous ce que vous voyez.

— Parapluie.

— N'oubliez pas de faire une phrase complète.

— Ah oui pardon, ceci est un parapluie.

En dessous de chaque dessin, il est écrit « ceci est… ». Le but est de faire prononcer une phrase entière au patient et de s'assurer qu'il est toujours capable de différencier le masculin et le féminin. C'est certes un léger détail mais qui semble néanmoins primordial. Parce que si je dis « Ceci est UNE parapluie », ça voudrait dire que je commence à partir en cacahuète. Du côté du chirurgien, il place minutieusement des petites étiquettes sur mon gliome. C'est une sorte de balisage pour savoir jusqu'où il peut aller dans l'avancée de ses gestes dans mon cerveau. Ces étiquettes sont comme des sens interdits, là où il n'en met pas, il peut opérer.

Je ne sens d'ailleurs aucun de ses gestes, le cerveau est la seule partie du corps où on ne ressent pas le toucher. En même temps, on n'est jamais censé se faire titiller le cerveau ! L'opération suit son cours, les images défilent et j'annonce constamment ce que j'aperçois. « Ceci est un éléphant, ceci est une voiture, ceci est une chaussure... » Mon bras fait toujours des allers-retours. Le professeur me demande régulièrement si je vais bien et si je ne fatigue pas. Je le rassure à chaque fois, je reste très concentré. Le temps s'écoule rapidement, les minutes deviennent des secondes, et en un clin d'œil, on atteint une heure et demie d'opération. Le professeur Duffau envoie une légère décharge électrique sur une nouvelle partie de ma tumeur mais ma vue devient instantanément sombre, comme si je venais de fermer les yeux. Pourtant, je sais que mes paupières sont toujours ouvertes, alors je le dis fort, presque en hurlant :

— Je perds la vue, je perds la vue !

Je ne le crie pas par peur, juste pour être sûr qu'il m'entende. Je l'ai dit tellement fort qu'il est possible que les voisins m'aient entendu aussi. Il retire alors la sonde électrique de cette zone et ma vue revient tranquillement. Ma première réaction est de crier de nouveau :

— C'est bon, c'est revenu ! Allez, on continue, on ne lâche rien !

M. Duffau m'a avoué plus tard qu'il a opéré plus de six cents patients et que c'était la première fois qu'il en voyait un avec autant de hargne à ce moment précis de l'intervention. La plupart prennent peur ou souhaitent arrêter l'opération.

Vers la fin de l'intervention, je n'arrive plus à reconnaître les croquis qui s'enchaînent sur l'ordinateur. J'observe, en face de moi, le dessin d'un lion mais je reste bloqué. Je conçois qu'il s'agit sans doute d'un animal, pourtant j'ai l'impression de ne l'avoir jamais vu de ma vie. J'ai beau me concentrer, aucun mot ne me vient à l'esprit et en plus, je suis exténué. Un nouveau dessin apparaît et c'est un vélo mais encore une fois, j'ignore totalement ce que ça représente.

— Vous voyez quoi, monsieur Speroni ?

— Je... C'est un... euh...

— Vous avez toujours de la force ?

— Je...

Je n'ai même plus suffisamment d'énergie pour lui répondre que je suis fatigué. Le chirurgien m'annonce alors, avec une voix chaleureuse, qu'on n'ira pas plus loin pour moi.

— Très bien Florent, on se revoit demain. Reposez-vous bien.

Ils m'ont alors de nouveau endormi, environ deux heures, pour conclure cette opération, me remettre ma boîte crânienne et me faire une cicatrice pas trop dégueulasse.

Concernant mon réveil postopératoire, c'est flou mais je me souviens qu'il a été difficile. Les yeux à peine ouverts, je me suis dit : *Oh mon Dieu, j'ai mal à la tête*. J'étais au bout de ma vie. J'étais dans une salle de réanimation sur un brancard, c'est une grande pièce ouverte dans laquelle il y a plusieurs boxes individuels. Ça permet aux infirmières d'avoir constamment un œil sur tout le monde. On m'avait prévenu que je resterais dans ce service pendant vingt-quatre heures et qu'aucun proche n'aurait le droit de me voir. Je me revois vomir partout, à de nombreuses reprises, sans avoir le temps de prévenir qui que ce soit. Je tentais de m'excuser, mais les mots qui sortaient de ma bouche ne voulaient rien dire. Avec du recul, j'en bavais vraiment. Beaucoup de questions se bousculaient dans ma tête : *Pourquoi est-ce que je souffre autant ? Pourquoi je n'arrive pas à articuler ?* Je commençais à paniquer. *Peut-être que l'opération s'est mal passée finalement ?* J'avais l'impression de vivre un *bad trip* d'une drogue surpuissante. C'était dur, long et interminable. Bref, un vrai cauchemar.

Lorsque je rouvre les yeux, je suis dans ma chambre. J'ai été déplacé sans m'en apercevoir. Il y a deux personnes devant moi en train de sourire, je les reconnais, ce sont mes parents. Je m'affole :

— Ils m'ont raté ! Ils m'ont raté !

Je m'arrête net. *Oulah, la voix qui sort de ma bouche n'est pas du tout la mienne. Elle est beaucoup plus aiguë que d'habitude. On dirait celle d'un enfant de six ans.*

Je ne pourrai jamais oublier cet instant, leurs regards remplis de bienveillance en posant leurs mains sur la mienne et en m'annonçant :

— Ne t'inquiète pas Florent, M. Duffau est venu nous voir. Il nous a dit que l'opération s'est très bien passée !

— C'est… C'est vrai ?

— Oui. Tu peux te reposer.

Instantanément, tout mon corps relâche la pression.

J'étais persuadé que c'était un échec à cause des effets secondaires, finalement, c'était normal. J'avais lu dans son livre qu'on pouvait avoir des séquelles temporaires qui s'estompent au bout de quelques jours. Sauf que ces séquelles ne sont pas précisément détaillées dans son ouvrage. J'en déduis que je les ai sous-estimées. Je me suis répété en boucle que tout s'était bien passé et avec sérénité, je suis retombé dans les bras de Morphée.

Plus tard, le professeur est passé me voir dans ma chambre pour tirer un bilan de cette opération, qui a duré six heures au total. Il a immédiatement voulu tester ma mémoire en me demandant le numéro de téléphone de mon père. Je lui ai répondu lentement, avec beaucoup d'hésitation mais sans me tromper. J'étais étonné de me rappeler un détail aussi précis alors que tous mes souvenirs étaient mélangés et confus. Je n'arrivais pas à parler correctement français, j'avais oublié énormément de mots. Mon vocabulaire était basique et mes phrases étaient mal construites. Je l'ignorais avant l'opération mais j'allais devoir affronter plusieurs mois de réapprentissage de ma langue maternelle.

M. Duffau a poursuivi en m'informant qu'il avait retiré 80 % de ma tumeur au lieu des 65 % estimés avant l'opération. Soit 24 centimètres cubes par rapport aux 30 centimètres cubes de base. Il m'a seulement laissé 6 centimètres cubes de tumeur. C'est fou non ? Son travail est remarquable, mon avis n'a pas changé aujourd'hui.

— Bravo, c'est grâce à vous ! m'a-t-il félicité.

J'ai eu l'impression de voir quelqu'un m'offrir un cadeau et de me remercier de l'accepter. C'était lui qui venait de m'opérer, pas l'inverse. Avec ma voix de gamin, je lui ai répondu que moi, je n'avais rien fait, que tout ça, c'était grâce à lui. Il m'a répondu :

— Non, c'était une collaboration active. Si vous aviez arrêté de répondre à mes questions, moi je n'aurais rien pu faire. Nous étions une équipe.

« Nous étions une équipe » ! J'ai toujours le sentiment d'être un footballeur de quatrième division qui a eu la chance de faire une passe décisive à Kylian Mbappé. Je me souviens avoir profité de ce moment heureux de détente pour sortir son livre de mon sac et pour lui demander une dédicace.

Sa réaction était assez drôle, il avait l'air à la fois très honoré et presque intimidé par ma demande. Bon, le livre n'était sorti que quelques mois auparavant, j'étais peut-être son premier patient opéré à lui réclamer une dédicace. Et à peine vingt-quatre heures après l'intervention qui plus est. Il a écrit :

À Florent, à votre force morale, votre énergie et votre joie de vivre. Hugues Duffau.

Je suis fier d'avoir obtenu cette dédicace de la part de ce grand monsieur qui a fait évoluer la médecine.

Pour garder un souvenir de cette journée, j'ai conservé un selfie de mon visage. Sur cette photo, tout le côté gauche de ma frimousse est gonflé. Ma joue est boursouflée, j'ai un œil au beurre noir que je n'arrivais pas à ouvrir complètement. Bref, j'ai la même tronche qu'un boxeur après un combat. Peut-être que les brancardiers m'ont fait tomber du lit en me ramenant dans ma chambre.

Nous étions d'ailleurs deux dans cette chambre, sur décision du professeur. L'objectif était que je parle avec d'autres personnes le plus rapidement et le plus souvent possible. Plus vite on remet notre cerveau en route, mieux c'est. Comme un muscle qu'on retravaille après une blessure. Sur le papier, c'était une bonne idée. Sauf que malheureusement, mon voisin de chambre était incapable de bouger et de parler. Je tentais quelques vannes bon enfant, qui restaient sans réponse. Cela dit, je passais mes journées avec mes parents et Sophie, donc il n'y avait que le soir que je me retrouvais seul avec lui. Ça me fait penser à ce genre de pote qui nous laisse un « vu » quand on lui écrit.

Je suis sorti de l'hôpital le 7 juillet 2016 : ça faisait déjà quatre jours que j'y étais et ce soir-là, c'était la demi-finale de l'Euro 2016 entre la France et l'Allemagne. Je voulais regarder le match chez moi à Nancy. Alors, en croisant le professeur, j'en ai profité pour lui demander :

— Ça serait possible que je reparte aujourd'hui ?

— Normalement, je laisse les gens partir une semaine après l'opération. Mais vous m'avez l'air en forme. C'est d'accord.

— Oh, merci !

Ma réaction était la même que celle d'un gamin à qui on aurait proposé d'aller à Disney. Par contre le trajet du retour pour remonter à Nancy a été extrêmement compliqué.

Dans la voiture de mes parents, je me mets à souffrir de nouveau au niveau de ma boîte crânienne. Je subis chaque freinage, chaque dos d'âne, chaque accélération.

— Roule moins vite papa, je t'en supplie !

— Quoi ? Mais je ne suis qu'à vingt kilomètres-heure, là.

Une vraie torture ! Je me mets à râler et à pleurer. Ce coup-ci, je suis plutôt le gamin qui découvre que Disney est fermé en arrivant devant. Je me mets également à avoir des hallucinations. Je regarde mon père au volant et découvre de grandes flammes sur ses bras. Il a plutôt l'air serein pour quelqu'un qui prend feu. *C'est le muet de ma chambre qui m'a glissé des cachets d'ecstasy dans mon petit déj ou quoi ?* Je ne fais que me plaindre en boucle. Mes parents se disent que les sept heures de route vont être infiniment longues. Heureusement pour eux, je finis par m'endormir, mon père met alors le pied au plancher.

Pendant les trois semaines suivantes à Nancy, je reste la majeure partie du temps allongé chez mes parents. Dans le cadre de la rééducation cognitive que je dois suivre, je vois deux orthophonistes différentes pour faire travailler ma mémoire qui est touchée et qui a altéré certains de mes souvenirs. Je ne retrouve pas certains mots, c'est gênant. Ma voix enfantine est toujours là. Et ce qui est drôle, surtout pour quelqu'un qui fait des vidéos comiques, c'est que je ne comprends pas le second degré. On me fait des vannes et en retour, je réponds de manière très sérieuse. Je suis également sans filtre, tout ce qui me passe par la tête, je le dis à voix haute sans me préoccuper de la manière dont ça pourrait être interprété.

— Beurk, ta meuf est moche.

— Merci pour ta sincérité Florent mais… t'aurais au moins pu attendre qu'elle parte avant de me le dire.

Une heure par jour, l'orthophoniste me fait faire des exercices qui peuvent paraître simples quand on a 28 ans mais beaucoup plus complexes quand notre cerveau, lui, n'en a toujours que 6. Il s'agit, par exemple, de lire des définitions en essayant de retrouver les mots qui correspondent, de faire des additions, des soustractions. Lors d'un rendez-vous, l'orthophoniste me montre une photo de Bernadette Chirac et me demande :

— Tu connais cette personne, Florent ?

— Oui bien sûr, c'est euh… C'est…

Évidemment que je la connais mais je n'arrive absolument pas à retrouver son nom ni son prénom. Et ça m'agace de ne pas réussir à m'en souvenir. Au bout de quelques minutes, elle finit par me donner la réponse et m'annonce que c'est Bernadette Chirac. Je fronce les sourcils, que me raconte-t-elle ? Ce n'est absolument pas ça, je n'ai jamais entendu ce nom de ma vie. J'ai l'impression qu'elle vient de me dire « c'est Juliette Pichon », comme si elle avait balancé un nom au hasard. Je lui répète en boucle qu'elle s'est trompée, que ce n'est pas ça, elle n'insiste pas et me dit qu'on en reparlera lors d'une prochaine séance. Quelques jours plus tard, je me remets à penser à cette photo sans raison et tout me revient, je redécouvre qu'il s'agit effectivement de Bernadette Chirac.

Pourtant, ça me paraissait si faux au moment où je l'ai entendu chez mon orthophoniste. Des souvenirs oubliés se reconstruisent tout seuls. Nos cerveaux ont des talents cachés et cet exemple de Mme Chirac est loin d'être isolé. Il y a plein de mots que je croyais entendre pour la première fois depuis mon opération alors que je les connaissais depuis toujours. C'est une sensation bizarre de devoir réapprendre sa propre langue maternelle.

Ma mémoire revient toutefois petit à petit au fil de ma convalescence mais à cette période, je suis loin d'être en forme. Les maux de crâne s'intensifient et, plus les jours passent, plus ma douleur s'aggrave. Mon père essaye de me rassurer en me disant que c'est normal de souffrir. Je réplique que c'est anormal à ce stade. Que je devrais être en meilleure forme.

Un matin, je m'écroule dans les toilettes en vomissant et en me tordant de douleur. Mes parents m'emmènent alors en urgence à l'hôpital de Nancy où on m'installe dans une chambre au service de neurologie. Ils me font passer un scanner et une ponction lombaire mais ils ne parviennent pas à identifier les causes de mes maux de tête. Au vu de mon dossier, les médecins pensent qu'il s'agit de crises d'épilepsie même si, à mes yeux, ça n'y ressemble pas vraiment. Ils augmentent donc les doses de mes médicaments et au bout de cinq jours chez eux, ces douleurs s'apaisent enfin. Bon, on ne comprend pas pourquoi mais apparemment, je vais mieux, c'est une bonne nouvelle ! Et l'avantage, c'est que j'ai eu un accès illimité à Canal + pendant cinq jours. Évidemment, l'énigme n'étant pas élucidée, la bonne nouvelle n'a été que de courte durée.

4

Retour à l'hôpital, deuxième round

26 juillet 2016, jour de mon anniversaire. Ça ne fait que quelques jours que je suis revenu de l'hôpital et cette nuit-là a été la meilleure depuis mon opération. J'ai en effet dormi d'une traite et surtout sans douleur. C'est la première fois que je me sens reposé. Sophie pose ses yeux sur moi, et je vois que son regard se transforme en moins d'une seconde. Pétrifiée, elle m'alerte :

— Regarde derrière toi. Qu'est-ce que c'est ?

Je me retourne et je vois une énorme tache rouge sur mon oreiller, ça me semble être du sang. J'effleure mon crâne du bout des doigts et je sens que ma cicatrice est trempée. Mon sang se serait-il échappé *via* cette plaie ? Aucune idée.

J'avoue que je suis perplexe mais le plus important, à mes yeux, c'est que je n'ai absolument plus mal à la tête. Quel bonheur ! J'embrasse Sophie qui reste bouche bée et je m'excuse d'avoir taché l'oreiller. Je me lève avec le sourire et je pars dans la salle de bains. Pendant que je sifflote sous la douche, Sophie court attraper son téléphone pour appeler mes parents et les prévenir. Bien sûr, je n'entends pas ce qu'elle leur raconte. Elle débarque quelques minutes plus tard dans la salle de bains et tire le rideau de douche.

— Florent, il faudrait qu'on retourne à l'hôpital.

— Mais non, t'inquiète, ça va. Je n'ai plus mal du tout.

— Juste comme ça, on y passe vite fait pour savoir si c'est normal.

Elle essaye de cacher son anxiété dans le choix de ses mots mais le ton de sa voix et ses expressions faciales la trahissent. Bien que je n'aie pas envie d'y retourner car dans mon esprit tout va enfin pour le mieux, j'accepte qu'on s'y rende pour la rassurer. Honnêtement, je n'y serais jamais allé tout seul.

— Allez d'accord, on y passe vite fait. Mais après le petit déj', hein ? J'ai trop la dalle !

On arrive à l'hôpital et un interne en neurochirurgie nous prend en charge. Il nous montre les images du scanner que j'ai passé quelques jours plus tôt.

— Bon, c'est très clair, vous avez une infection nosocomiale de votre boîte crânienne.

Une infection est appelée « nosocomiale » si elle s'est contractée dans un établissement de santé. Dans mon cas, elle s'est donc lentement développée à cause de mon intervention à Montpellier. Il poursuit en mettant son doigt sur l'écran :

— Tout ce liquide, au-dessus de votre cerveau, n'a rien à faire là. Il faut vous opérer en urgence aujourd'hui, on ne peut plus attendre.

Je calcule rapidement et je rétorque :

— Mais attendez, ce scanner a neuf jours, non ?

— Euh… oui.

— Donc ça fait neuf jours que vous devez m'opérer en urgence ?

Je pouffe de rire malgré l'importance de ma question. Il poursuit d'un air gêné :

— Oui, ils auraient dû s'en rendre compte, j'ignore pourquoi ils ne l'ont pas vu. C'est assez visible en fait.

Je comprends que ce liquide contaminé est la source de tous mes maux et que mon corps a réussi à se défendre en l'évacuant par ma cicatrice. Mais combien de temps puis-je encore survivre ? Même si je saisis l'urgence de la situation, je refuse d'être opéré dans l'immédiat et qu'on m'ouvre une deuxième fois le crâne. Je veux l'avis du professeur Duffau pour qu'il me confirme que c'est indispensable. L'hôpital ne parvient pas à le contacter, mon père essaie de son côté et lui envoie un e-mail. En fin de journée, à distance, il fait savoir qu'il approuve la décision de m'opérer. Puisqu'on a son aval, dans ce cas-là alors, on y va, même si je ne suis pas vraiment rassuré par les explications du neurologue, M. Rech. Il a d'ailleurs été l'un des étudiants de M. Duffau. C'est lui qui prend mon dossier en main et il m'explique le plus clairement possible :

— On va ouvrir votre boîte crânienne, au même endroit que votre première opération, pour vous retirer tout ce liquide. Et on l'analysera, après l'intervention, pour découvrir de quel type d'infection il s'agit car pour le moment, on l'ignore. Malheureusement, je ne pourrai pas vous remettre votre boîte crânienne, on la remplacera par une prothèse.

— Quoi ? J'aurai une prothèse à la place du crâne ? Pourquoi ?

— Parce que si votre boîte osseuse est infectée à cet endroit et que je vous la remets, alors cette opération ne servirait à rien. L'infection se développerait de nouveau. D'ailleurs, on ne placera pas la prothèse tout de suite, mais dans trois mois.

Je vais donc avoir la peau qui flotte sur mon cerveau ? C'est quoi ce délire ? Je suis estomaqué. J'ai l'impression que c'est une caméra cachée et qu'il va m'avouer que c'est une blague. Évidemment, il ne le fait pas et il quitte la pièce en me disant qu'il viendra me chercher dans quelques heures pour m'opérer.

La peur m'envahit, je fonds en larmes. J'étais plutôt serein pour la première opération mais là, c'est une tout autre affaire. C'est apparemment une question de vie ou de mort et cette fois, je n'ai pas le droit de faire demi-tour, il faut y aller. Je ne peux pas contester, sinon je vais… mourir. Cette nouvelle opération, contrairement à la première, n'est pas éveillée, elle se déroule sous anesthésie générale du début à la fin. Bref, je n'en garderai donc aucun souvenir.

Je me réveille en fin de journée dans ma chambre, mes parents sont à côté de moi. J'essaye de me redresser sur le lit pour leur demander si ça s'est bien passé mais ma tête se bloque instantanément.

— Aïe !

— Non, non, ne bouge pas, Florent !

— Pourquoi ? Qu'est-ce que j'ai sur la tête ?

— Des drains.

J'ignore ce que veut dire ce mot. Je touche alors doucement ma tête avec le bout de mes doigts et sens des petits tuyaux qui s'insèrent dans mon crâne. J'en déduis qu'un drain est donc un tube. J'en découvre deux à droite de ma tête et un à gauche. *Mais bordel, pourquoi j'ai ça ?* Mes parents m'expliquent que c'est pour injecter en continu du liquide dans ma boîte crânienne, pour continuer à la nettoyer afin d'éviter que l'infection ne reprenne. Je tapote délicatement ma cicatrice, à l'endroit où ma peau est censée flotter dans le vide, mais c'est solide. Ouf, ils m'ont remis ma boîte osseuse ! Le médecin m'explique :

— J'ai vérifié pendant l'opération. Votre os avait l'air propre donc je l'ai remis. On verra si l'infection revient.

« Ça avait l'air propre », une phrase tellement improbable dans la bouche d'un neurochirurgien. Il continue :

— On a envoyé ce liquide en analyse pour déterminer de quel germe il s'agit. Vous allez rester trois mois avec nous, à l'hôpital, afin que l'on vous injecte en permanence, sous perfusion, les médicaments adaptés pour combattre cette infection.

Trois mois ?! Pour la première opération qui paraissait bien plus complexe, je suis sorti de l'hôpital au bout de seulement quatre jours. Et là, je vais devoir y rester trois mois ? J'avoue que cette annonce me fait l'effet d'une claque en pleine figure mais je vais éviter de me plaindre car, après tout, je suis toujours vivant. On m'enlève les drains au bout de quatre jours, ce qui signifie que je peux enfin me lever. Mon premier réflexe est d'aller dans la salle de bains où je découvre dans le miroir le visage d'un homme qui semble exténué.

Je retire délicatement le bandage blanc qui cache ma cicatrice. Mes cheveux ont été rasés autour d'elle, je la trouve immonde. Elle part du haut de mon front, au départ de ma chevelure, jusqu'à mon oreille gauche. Je ressemble à un Viking qui a pris un coup de hache. J'ai aussi extrêmement mal à la mâchoire, elle s'est sans doute déboîtée. Je n'arrive pas à l'ouvrir complètement, ce qui m'empêche de manger correctement. Ça ne me dérange pas plus que ça car je n'ai absolument pas faim. Je me force néanmoins à prendre au moins une bouchée de chaque plat qui m'est servi si je veux éviter les remontrances de ma mère. J'ai perdu du poids à vue d'œil, j'ai pu dire *bye-bye* aux dix kilos en trop qui squattaient mon bidon depuis des années.

Au bout d'une dizaine de jours, je sollicite une infirmière :

— Je n'ai pas fait caca depuis tout ce temps !

J'avoue qu'il y a mieux comme phrase d'accroche, mais moi, j'ai peur de faire une occlusion intestinale. Malgré des laxatifs, la situation ne s'améliore pas les jours suivants. Je suis obnubilé par cette constipation, je le signale même au neurologue :

— Je viens vous parler de votre tumeur cérébrale et vous, la seule chose qui vous inquiète, c'est de ne pas réussir à aller aux toilettes !

— Ouais mais ça fait douze jours quand même !

— En même temps, vous ne mangez quasiment pas. Et vous restez allongé toute la journée, donc votre intestin reste horizontal. Il faudrait passer un peu de temps debout.

— OK, c'est noté.

Il n'a pas besoin de m'en dire plus. Je me mets à faire des allers-retours dans l'escalier, entre le premier et le sixième étage. J'ai l'impression d'être Rocky Balboa qui s'entraîne avec un pied à perfusion. Miracle, deux jours plus tard, à force de détermination, je me débouche enfin ! Comme quoi, il faut toujours croire en ses rêves. Cette constipation m'en a fait presque oublier l'origine de ma présence ici, l'infection dans mon crâne.

De nombreux proches viennent me voir à l'hôpital et, grâce à eux, je n'ai pas le temps de m'ennuyer. L'un de mes cousins m'offre d'ailleurs un livre sur la mémoire après avoir appris que c'était l'une de mes facultés les plus diminuées. Cet ouvrage, *Mémoire infaillible* de Sébastien Martinez, présente de nombreuses astuces pour améliorer notre capacité de mémorisation. Par exemple, pour retenir une liste de mots, il propose d'imaginer une scène qui se passerait devant nos yeux et où chaque mot serait transformé en une action. Nous leur donnons vie et ils s'ancrent plus facilement et plus longtemps dans notre mémoire.

Je finis donc ce livre et je regarde autour de moi, dans la chambre, pour trouver une liste de mots à retenir. Mes yeux s'arrêtent sur un jeu de 52 cartes.

Serait-ce possible pour moi de me souvenir de cinquante-deux mots dans l'ordre ? Ça me paraît difficile mais je veux essayer, je n'ai rien à perdre. Pour corser le défi, je m'impose de ne regarder chaque carte qu'une seule fois, je n'ai pas le droit de revenir en arrière. Quand je passe à la suivante, c'est que j'estime qu'elle est mémorisée. C'est parti, je me lance et je retourne la première carte, c'est un 7 de trèfle. Je réfléchis, qu'est-ce qui pourrait me faire penser à un sept ? Allez, sois créatif Flo ! Je ferme les yeux et j'imagine alors Blanche-Neige et les Sept Nains rentrer dans ma chambre. L'un d'eux dit « On est chanceux » car le trèfle me fait penser à la chance. Je cache cette carte et je retourne la suivante, c'est un 4 de carreau. Je visualise alors un de ces nains s'approcher de la fenêtre et dire « On n'est pas si chanceux que ça, regarde, les quatre carreaux de cette fenêtre sont cassés. » À chaque nouvelle carte, je me raconte l'histoire depuis le début. Au bout d'une heure d'apprentissage, je demande à Sophie de se mettre en face de moi pour lui présenter mon petit spectacle.

Je lui annonce chaque carte avant qu'elle la retourne. J'ai parfois des doutes mais je parviens à tout lui réciter sans me tromper. On m'a enlevé une partie du cerveau qui gère la mémoire courte et pourtant, je viens de réussir à retenir 52 cartes d'affilée. Comme quoi, rien n'est impossible.

J'ai d'ailleurs continué, après l'hôpital, cet exercice en demandant à Sophie de m'écrire 100 mots car c'était un chiffre phare pour moi et, encore une fois, je suis parvenu à les apprendre dans l'ordre. Je me souviens également de la tête de mon orthophoniste quand je lui ai récité dans l'ordre 25 mots qu'elle venait de me choisir. D'après elle, c'était un record. Les techniques de mémorisation présentées dans ce livre ressemblent finalement à de la triche… mais de la triche légale !

Au bout d'un mois à l'hôpital, les médecins m'annoncent qu'ils ont trouvé un médicament capable de combattre mes deux infections en même temps. Je n'ai pas besoin de rester trois mois sous perfusion comme ils me l'avaient d'abord annoncé, je peux donc enfin rentrer chez moi. Je continuerai à me soigner, mais à domicile avec des antibiotiques. Je fais mon petit baluchon, je dis au revoir à toute l'équipe médicale avec qui j'ai sympathisé et lance un dernier coup d'œil à ma chambre avant de partir. L'homme qui est entré dans cette pièce et qui en sort aujourd'hui, n'est clairement plus le même.

Quel bonheur j'ai ressenti en rentrant chez moi ! J'avais enfin perdu ma voix aiguë d'enfant de 6 ans, je reparlais presque normalement. Bon, dans ma tête j'étais toujours un enfant ou disons un ado parce que j'étais encore sans filtre. La première chose que j'ai faite en rentrant chez moi a été de regarder mon crâne plus en détail. J'ai donc pu constater que l'os au niveau de ma tempe gauche n'était pas bien replacé, il y a en effet un léger creux. Ce renfoncement est moche, j'essaie néanmoins de me rassurer : personne n'a un visage parfaitement symétrique et ça me donne un style après tout. Et pour être honnête, je préfère avoir ça plutôt qu'une prothèse.

Cette deuxième opération a été beaucoup plus éprouvante que la première : la mort s'est approchée de près mais je n'ai pas cédé. Je ne sais toujours pas pourquoi j'ai développé cette infection, mais une chose est sûre : je n'en veux absolument pas au professeur Duffau. Certains proches m'avaient suggéré de porter plainte contre lui, seulement moi, je ne voulais pas. J'ai de l'admiration pour lui, il exerce pour moi l'un des métiers les plus exigeants au monde, en effectuant des opérations éveillées. Il m'a d'ailleurs présenté des excuses lors d'un contrôle dix mois plus tard dans son centre hospitalier à Montpellier. Il a personnellement assumé la responsabilité de cette erreur et des complications que j'ai traversées. Pour moi, ce n'était pas sa faute. Il m'a expliqué que tous les ans, il doit malheureusement affronter un cas d'infection nosocomiale, malgré toutes les précautions drastiques mises en place lors des opérations, et en 2016, pas de bol, c'est tombé sur moi.

Cette entrevue de mai 2017 marque un nouveau rebondissement dans ce combat. J'y suis venu avec mes parents. Le professeur est en train d'analyser ma dernière IRM et il me dit :

— Votre tumeur s'est légèrement développée depuis l'opération.

Cette phrase ne m'a fait ni chaud ni froid car je sais qu'une tumeur évolue constamment et qu'elle ne peut jamais être réellement soignée. Le professeur avait déjà essayé d'enlever 110 % d'une tumeur à l'un de ses patients, en retirant des parties du cerveau autour du gliome qui n'étaient pas touchées mais cela n'avait pas fonctionné, la tumeur était revenue. M. Duffau continue :

— Vu son évolution, je pense qu'on vous opérera toute votre vie, tous les trois-quatre ans.

Tous les trois-quatre ans ?! Cette nouvelle me coupe le souffle, mon regard se perd dans le vide. Je vois bien que le professeur continue de me parler mais je n'arrive plus à l'écouter. Sa voix résonne comme si elle était dans une boîte en carton. J'avais bien conscience qu'il y avait des chances que je me fasse opérer plusieurs fois dans ma vie mais j'étais loin de m'imaginer que ce serait aussi rapproché pour moi. Je n'en avais parlé avec aucun médecin jusque-là mais je m'étais imaginé que, dans le pire des cas, ce serait tous les dix ans.

Devant M. Duffau, je fais bonne figure et je souris alors que je n'écoute rien de ce qu'il me dit. On se dit au revoir et je fonce dans la voiture de mes parents pour fondre en larmes. Je lâche tout. Je n'ai pas le souvenir d'avoir autant pleuré de toute ma vie, à tel point que j'en suis essoufflé. Mes parents tentent tant bien que mal de me rassurer en me présentant les points positifs que je n'écoute pas :

— M. Duffau te suivra toute sa vie, il ne t'abandonnera pas jusqu'à ce qu'il prenne sa retraite.

— Ouais mais je vais sans doute mourir avant même qu'il prenne sa retraite.

C'était un vrai choc pour moi qui venais de vivre la pire année de mon existence avec les deux opérations et un réapprentissage pour parler de nouveau correctement ma langue maternelle. Je pensais que j'allais désormais pouvoir me reposer, mais ce n'était qu'un leurre. J'avais finalement mieux vécu l'annonce de ma tumeur comparée à celle-ci : apprendre que ma maladie serait finalement beaucoup plus présente que ce à quoi je m'attendais, et ce durant toute ma vie. Tous mes projets à long terme se sont éteints, je ne pouvais plus me projeter sur rien.

5

L'épilepsie, prolongations

Quand on me demande si je pense tous les jours à ma maladie, la réponse est évidente pour moi : oui. En vérité, je ne pense pas à ma tumeur mais plutôt à mon épilepsie qui, au fil du temps, est devenue mon combat le plus difficile à affronter.

Pourtant, le professeur Duffau me dit chaque année la même chose :

— En attendant notre prochain rendez-vous l'année prochaine, oubliez-moi.

J'aimerais mais c'est impossible de ne pas y penser car je dois prendre des médicaments antiépileptiques chaque jour, matin et soir. À chaque fois que je les avale, ça me rappelle forcément que je suis malade.

Ma première vraie crise d'épilepsie, sans compter celle de février 2016 où on a découvert ma tumeur, a eu lieu bien plus tard, en décembre 2016. Je me souviens, c'était un lundi matin et ça faisait à peine deux semaines que j'avais repris mon travail d'ingénieur achats. Cela avait d'ailleurs été un sacré choc physique et émotionnel pour moi de retourner dans ma vie active et de retrouver mes collègues après dix mois d'arrêt maladie. C'était comme revivre une rentrée des classes.

Ce jour-là, mon réveil sonne à 6 heures, ça pique un peu. Je me réveille seul chez moi. Je prends mon petit déjeuner, attrape les clés de ma voiture, ma sacoche et me dirige vers ma porte d'entrée. Je marche au milieu de mon salon et brusquement le temps s'arrête, la pièce entière s'assombrit. Je ne parviens plus à avancer, je suis paralysé, je ne comprends pas ce qui se passe. Puis je me sens tomber vers l'avant, je ne parviens pas à stopper ma chute, je ne maîtrise plus rien. Je perds connaissance avant même de toucher le sol. Un corps inanimé de 80 kilos frappe violemment le parquet du salon.

Quarante-cinq minutes plus tard, mes yeux s'ouvrent timidement. Puis j'entends la sonnette de cet appartement une fois, deux fois, trois fois. Pourquoi une telle insistance ? Je me lève péniblement, mes jambes tremblent et j'ai mal à la gueule. On est quel jour ? Qu'est-ce que je foutais par terre ? Je regarde autour de moi, il y a de la terre au sol, une plante renversée et une chaise cassée. Cet appartement me dit quelque chose. J'habite ici ou je suis chez quelqu'un d'autre ? J'entends quelqu'un tambouriner à la porte et demander si Florent va bien. Je crois que Florent, c'est moi. J'avance difficilement vers cette porte, l'ouvre et découvre deux femmes qui ont l'air inquiètes. J'ai l'impression de connaître leur visage mais à cet instant, je ne capte pas que ce sont mes voisines du dessus et du dessous.

— Tu vas bien, Florent ? On a entendu quelque chose tomber plusieurs fois.

J'ignore de quoi elles parlent, j'essaye de leur répondre mais ce que je dis n'a aucun sens. Je n'ai pas assez de force pour rester debout, je perds l'équilibre. Elles me saisissent par les bras pour m'aider à m'asseoir et cherchent à me réconforter :

— Ne t'inquiète pas, Florent, on a appelé les urgences, ils sont en chemin.

Mon esprit est entièrement embrumé et j'éclate en sanglots, sans pouvoir m'arrêter. Je n'arrive plus à gérer mon état, je suis profondément triste mais sans réellement savoir pourquoi. L'ambulance arrive. Je revois la scène : moi, allongé sur un brancard en pleine rue, et mon père qui débarque pour me demander si je vais bien. Je lui offre comme seule réponse des pleurs interminables. Je ne me reconnais pas, je suis censé être fort normalement ! Mais le temps d'une crise, j'oublie qui je suis, je disparais.

Les voisines m'ont expliqué par la suite qu'elles m'avaient entendu plusieurs fois me relever et tomber de nouveau et que ça faisait du vacarme. Finalement, dans mon malheur, j'ai eu de la chance car j'étais censé, quelques minutes plus tard, être au volant de ma voiture, direction mon taf.

C'était ma première crise d'épilepsie avec convulsions, la première d'une longue série dans les années qui ont suivi. Ma crise suivante a d'ailleurs été différente, encore plus dure à vivre. Certains épileptiques parviennent à sentir leurs crises arriver en ayant par exemple des sensations d'excitation ou un goût spécial dans la bouche. Moi, c'est en entendant des sons imaginaires que j'anticipe leur apparition. Ce qui a été le cas pour ma seconde crise. Je me souviens, j'étais chez mes parents, allongé sur le canapé à regarder la télé.

Je suis tout seul dans ce salon et j'entends un son lointain se rapprocher lentement de moi. On dirait une dizaine de personnes qui chuchotent. Je suis incapable de décrire ce qu'elles racontent car elles parlent dans une langue inconnue. Je regarde autour de moi : ce son ne semble pas venir de la télévision, j'ai l'impression qu'on me susurre réellement à l'oreille. Est-ce que je deviens fou ? Les chuchotements sont de plus en plus forts, ils deviennent agressifs, se transforment en hurlements.

Je panique en posant mes mains sur mes oreilles. Je sais que mes parents sont à l'étage alors je tente de les prévenir en hurlant « au secours ». Je les vois arriver en courant et s'approcher de moi. J'aperçois les lèvres de ma mère bouger mais je n'entends pas ce qu'elle dit car les cris indéchiffrables sont assourdissants. Je ne veux pas que mes parents fassent demi-tour, je ne veux pas qu'ils m'abandonnent. Je m'apprête à leur répondre mais mes yeux se ferment et je sombre dans l'inconscience. Pour être honnête, le jour où je l'ai vécue, j'étais persuadé que c'était à ça que ressemblait la mort, la vraie.

Mon père a pu me détailler ce que je venais de vivre : j'ai été inconscient pendant une trentaine de secondes. Mon corps tout entier s'est crispé, tous mes muscles se sont contractés et mes lèvres sont devenues violettes. Puis j'ai ouvert les yeux et, durant quarante-cinq minutes, j'ai essayé de me relever tant bien que mal plusieurs fois, sans avoir d'équilibre et en disant des choses incohérentes, comme un somnambule. Évidemment, je ne me souviens de rien, simplement d'avoir repris lentement mes esprits sans comprendre ce qui venait de se passer.

Cette épreuve n'a été que le début d'un long combat entre mes crises d'épilepsie et moi car je me suis mis à en faire de plus en plus régulièrement. Entre mars et juin 2017, j'en ai fait quasiment tous les jours. Pendant ces quatre mois, je n'ai eu aucun jour de répit, aucun. C'était un marathon de la souffrance psychologique. Elles n'étaient pas toutes avec convulsions, je ne perdais pas connaissance à chaque fois, c'est ce qu'on appelle des crises « partielles ».

Quand elles sont partielles, je n'entends pas de voix imaginaires mais je perds totalement le contrôle de mes pensées. Pendant de longues minutes, mon esprit m'impose des souvenirs flous que je n'ai jamais vécus et que je ne parviens pas à décrire précisément. J'ai l'impression qu'on vient de me greffer le cerveau d'une autre personne qui réfléchit à ma place. À cela s'ajoute un sentiment de déjà-vu qui dure plusieurs minutes et qui me persuade d'avoir déjà vécu exactement la même crise, au même endroit et avec les mêmes personnes autour de moi. Chacun de mes mouvements et chaque phrase que j'entends me semblent faussement familiers. Même après une centaine de crises, je n'arrive pas à m'habituer à ce ressenti désagréable.

J'en ai fait plein dans des lieux publics, dont une dans une salle de sport sur un tapis de course. J'avais à peine eu le temps d'éteindre la machine, de tapoter sur l'épaule d'un jeune à côté de moi et de m'allonger par terre. À chaque fois, je sais que je n'ai que quelques secondes avant de perdre connaissance. Mon réflexe alors est toujours de donner aux inconnus autour de moi le numéro de mon père car sa présence me rassure. Quelques jours après cette crise, je suis retourné dans la même salle de sport, exactement sur le même tapis de course pour me prouver à moi-même que je ne laisserais pas l'épilepsie m'empêcher d'avoir une vie normale.

La crise la plus marquante pour moi, encore aujourd'hui, est celle de l'été 2020. J'étais parti en vacances en Crète avec deux amis. On a souvent fait la fête et j'ai bu plus d'alcool que d'habitude : mon corps a donc décidé de me punir. On est dans la salle de sport de notre hôtel et je tente de faire 400 burpees en moins d'une heure. Je me lance fréquemment des défis sportifs, c'est ma technique pour me motiver. La chaleur dans la salle est étouffante, mon tee-shirt est trempé.

Je tente de l'enlever mais le responsable de la salle me demande, dans un anglais approximatif, de le remettre. Et, en plein milieu d'une série, mes pensées deviennent incontrôlables, une crise se déclenche. Je m'allonge alors rapidement sur le côté, en PLS, et je crie « au secours » pour prévenir mes amis. Mes deux potes arrivent avec le responsable de la salle auprès de moi. Je les entends se demander ce qu'ils sont censés faire pour m'aider. J'essaye de les rassurer en leur disant que ça va aller, qu'ils n'ont pas besoin d'appeler les urgences. La crise s'éloigne lentement, je me rassieds et leur dis avec le sourire :

— Ça m'apprendra de vouloir faire 400 burpees en plein cagnard.

— Tu vas mieux, Flo ?

— Ouais, ouais. Elle n'était pas hyper violente, elle est vite passée.

J'ai à peine eu le temps de finir ma phrase que je sens une seconde vague de pensées parasites arriver. C'est la première fois que deux crises s'enchaînent aussi rapidement. Mon sourire disparaît instantanément, je me remets en PLS et c'est apeuré que je demande à mes amis d'appeler les urgences. J'ai le sentiment que celle-ci sera beaucoup plus violente et mon instinct ne s'est pas trompé car elle va durer… trois heures et demie !

Je n'ai pas perdu connaissance – et je crois que j'aurais préféré –, j'ai assisté à toute la scène sans pouvoir communiquer avec les gens. Mon esprit s'est perdu pendant tout ce temps dans un monde parallèle, un trou noir, une cage invisible, un coma tout simplement. J'entendais des personnes parler autour de moi mais j'étais incapable de leur répondre. Mon corps était immobile sur un brancard, j'avais pourtant la sensation qu'il était dans des montagnes russes. Je gardais les yeux fermés car, dès que je les ouvrais, la moindre lumière m'aveuglait comme si je regardais le soleil à l'œil nu. Mon ami est venu me demander plusieurs fois à l'oreille si ça allait et je lui répondais non en secouant la tête de droite à gauche.

Quand la crise s'est arrêtée, je me suis senti soulagé et j'ai pu reprendre contact avec le monde réel. Pour moi, cette crise a duré trois jours, pas trois heures. Je me souviens avoir demandé à une infirmière d'enlever ma perfusion car ce n'était pas le bon traitement anti-épileptique. J'avais en effet entendu mon ami hurler en anglais dans tout l'hôpital qu'ils ne m'administraient pas le bon médicament mais personne ne l'avait écouté. Elle m'a expliqué que ce n'était pas à elle de décider et qu'un médecin viendrait me voir dans plusieurs heures. J'ai commencé à avoir peur, j'étais dans un hôpital à l'étranger, dans l'incapacité de communiquer avec le personnel médical autour de moi car ils parlaient mal anglais. J'appréhendais qu'ils s'emballent et qu'ils me programment une intervention chirurgicale sans même me demander mon avis et sans connaître mes antécédents médicaux.

Cette situation m'a replongé en 2016, quand on m'a annoncé que j'avais une infection et qu'il fallait m'opérer en urgence. Hors de question de revivre ça. Je me suis donc levé, j'ai moi-même enlevé ma perfusion et j'ai dit à mon pote :

— On se casse.

J'ignore à quoi je ressemble quand je fais une crise avec convulsions mais une fois, j'ai vu une personne en faire une devant mes yeux. Je revois la scène : un dimanche matin, je promène le chien de mes parents pas très loin de leur maison. Les rues sont calmes et j'aperçois une voiture, à quelques dizaines de mètres devant moi, rouler doucement et griller un feu rouge.

Ce véhicule se fait flasher et s'arrête en plein milieu d'un carrefour. Il n'y a personne autour, pourquoi s'est-elle immobilisée ? Ça m'intrigue alors je m'approche de la voiture et je découvre, au volant, un vieil homme seul se tenant le bras gauche avec les yeux révulsés. Il tremble et une traînée de salive dégouline de sa bouche.

J'essaye d'ouvrir sa portière mais elle est verrouillée. Je toque donc à sa vitre.

— Monsieur, vous m'entendez ?

Mais le conducteur ne me répond pas, il semble inconscient. Pourquoi se tient-il le bras gauche ? Peut-être fait-il une crise cardiaque. Si c'est ça, le temps est compté. Réfléchis vite Flo, qu'est-ce que tu peux faire ? Déjà, il faut appeler les urgences. Je fouille dans mes poches pour attraper mon téléphone mais évidemment je constate que je suis parti sans. Je lève la tête, je regarde autour de moi et j'aperçois au loin, un homme promener son chien. Je crie :

— Monsieur, appelez les urgences, il fait une crise cardiaque.

Il hoche la tête de haut en bas mais il n'attrape pas son téléphone et me regarde sans rien dire. Je hurle la même phrase en faisant des gestes, je mime une personne au téléphone et je tapote mon bras gauche comme si j'étais en pleine partie de Time's Up. Il hoche de nouveau la tête, avec le sourire, sans bouger. Il pense que je lui fais une blague ou quoi ? Qu'il aille se faire foutre, ce mec ! J'aperçois alors une jeune femme à cinquante mètres qui tente d'arrêter une voiture en disant :

— On a besoin d'aide, est-ce que vous pourriez appeler les urgences s'il vous plaît ?

Je pense que, comme moi, elle n'a pas de téléphone, mais au moins, elle essaie de m'aider. Je fais le tour de la voiture pour aller du côté passager et, sans réfléchir, je lance un coup de poing sur la vitre. Cette dernière ne bouge pas. J'en lâche un deuxième, un troisième puis j'enchaîne avec plusieurs coups de coude mais la vitre ne rompt pas. Je recule et je la frappe, de toutes mes forces, avec le pied. La voiture bascule à chaque coup mais la fenêtre résiste. Un homme s'approche de moi et me tend une petite clé Allen, en métal, celle qu'on utilise souvent pour monter les meubles. Je l'attrape et, au premier coup, la vitre se fissure.

Ma main passe au travers, ouvre la porte et instinctivement, je coupe le moteur de la voiture. Un autre homme arrive en courant et m'annonce qu'il est secouriste, je le laisse donc gérer la situation. Je lève la tête et j'aperçois des dizaines de voitures bloquées sur ce carrefour et beaucoup de piétons qui se sont rapprochés.

L'un d'eux m'explique qu'il a cru que c'était un car-jacking et il me demande si je n'ai pas trop mal à la main. Je la regarde et je découvre qu'elle saigne énormément. Je me suis sans doute coupé avec un bout de verre et l'adrénaline a masqué la douleur. Les pompiers sont arrivés quelques minutes plus tard et m'ont expliqué que c'était une crise d'épilepsie.

C'est fou qu'un propre épileptique comme moi ait pensé qu'il s'agissait d'une crise cardiaque, tout ça parce que cet homme se tenait le bras gauche. Ils m'ont tout de même remercié d'avoir réussi à couper rapidement le moteur de sa voiture parce qu'il aurait pu redémarrer à tout instant – ce qui aurait engendré des conséquences bien plus graves qu'un peu de bave sur son blouson et quatre points en moins sur son permis pour avoir grillé le feu rouge.

Ce qui est dingue, c'est que quelques jours plus tard, j'ai failli me retrouver moi-même dans cette situation. J'avais en effet repris la conduite uniquement pour de courtes distances. C'est en lançant le moteur de ma voiture, direction la salle de sport, que j'ai senti une crise se déclencher. J'ai alors aussitôt retiré la clé, je suis sorti de la voiture et j'ai couru jusqu'à la maison de mes parents. Je suis passé devant eux pour aller m'allonger sur le canapé. Ils ont vite compris que ma séance de sport était annulée. Si j'avais fait cette crise quelques minutes plus tard, j'aurais pu être en train de griller le même feu rouge que ce petit bonhomme. C'était la deuxième fois que je faisais une crise juste avant de prendre la route, comme si mon corps était capable d'anticiper le danger.

Mon épilepsie a évolué avec le temps. De 2016 à 2018, j'ai eu majoritairement des crises avec convulsions. Puis, de 2018 à 2022, j'ai connu une quarantaine de crises partielles, sans convulsions, de plusieurs minutes, si on met de côté celle de 2020 qui a duré plusieurs heures. Et en mars 2022, j'ai affronté une nouvelle période, très éprouvante : pendant deux mois, je me suis remis à faire en moyenne cinq crises par jour et tous les jours. Ces crises ne ressemblaient pas à ce que j'avais connu, elles avaient une nouvelle forme, elles ne duraient qu'une dizaine de secondes.

Elles s'arrêtaient pile au moment où je me mettais en PLS. Cette période de deux mois m'a épuisé, je n'avais aucun jour de répit. Dès le réveil, j'en faisais une, mon corps me rappelait que j'étais malade dès les premières secondes de ma journée. C'était la première fois depuis 2016, avec toute cette folie grandissante, que j'ai demandé à me faire réopérer malgré le potentiel risque d'y laisser ma vie. La mort ne me semblait plus si effrayante que ça. Je voulais que toutes ces pensées parasites s'arrêtent. Je voulais rester maître de mon esprit.

Quand j'en ai parlé à mon neurologue à Nancy, il m'a répondu que ces crises semblaient plus simples à affronter que les précédentes puisqu'elles ne duraient que quelques secondes. Je comprends sa réflexion mais, dans ma réalité, c'est totalement faux. Je préférerais largement connaître une seule crise de quelques minutes par mois plutôt que plusieurs de quelques secondes chaque jour. C'est comme une journée sans fin. Il me prescrit alors un nouveau médicament, le Briviact, en m'expliquant qu'il est récent sur le marché. Dès sa première prise, son effet est instantané, les crises s'arrêtent. C'est la première fois que je vois un médicament fonctionner aussi bien, c'est lui finalement mon sauveur. Donc, depuis mai 2022, je n'ai plus jamais revécu de crises d'épilepsie partielle.

Ce médicament a néanmoins un effet secondaire non négligeable : celui de déclencher une fatigue extrême soudaine. Je peux perdre l'équilibre et m'endormir quelques secondes sur place. Cette fatigue surgit lorsque je suis stressé ou lorsque j'essaie de faire plusieurs tâches en même temps, mon cerveau disjoncte alors pendant un court instant, jusqu'à ce que je réussisse à maîtriser le stress. Même si ces effets peuvent paraître handicapants, je les préfère largement à ceux générés par les crises d'épilepsie car la fatigue est une sensation naturelle que je connais depuis toujours.

Depuis 2016, j'ai essayé neuf médicaments différents pour essayer de combattre mon épilepsie. Mon neurologue me les prescrivait pour que je les teste pendant plusieurs mois mais bien souvent, ils ne fonctionnaient pas ou avaient des effets secondaires trop intenses. Avec le temps, je me suis mis à modifier moi-même les doses en fonction des effets positifs et négatifs, je suis finalement le mieux placé pour les juger.

Au départ, je ne prenais que du Keppra mais il avait comme effet secondaire de multiplier la moindre émotion que je ressentais. J'étais capable de pleurer devant *Bob l'Éponge* ou de hurler de colère si quelqu'un avait l'audace de me doubler dans une file d'attente. Je n'étais plus moi-même, on l'a donc remplacé par du Zébinix. Il est parvenu à stopper les convulsions mais pas l'intégralité des crises. On y a alors ajouté du Vimpat, un second antiépileptique. Du Rivotril pour réussir à m'endormir le soir, du Seresta pour me détendre toute la journée, du Seroplex pour voir la vie en rose et plus récemment du Briviact pour faire disparaître les dernières traces d'épilepsie.

Un jour, ça m'a vraiment choqué de sortir d'une pharmacie avec un sac rempli à ras bord des boîtes de tous ces médicaments. Surtout que le pharmacien venait de me dire quelques secondes avant que le Rivotril était considéré comme un stupéfiant. J'ai alors pris conscience que ça faisait plusieurs années que je consommais une drogue. J'ai donc fait le choix d'arrêter ma prise de Rivotril et de Seresta, les deux médicaments qui gèrent mon anxiété.

J'avais d'ailleurs appris quelques années plus tôt que le Seresta est souvent le médicament qu'on prescrit aux alcooliques qui tentent d'arrêter l'alcool. Il détend, désinhibe. On se sent comme si on venait de boire une pinte de bière et peut rapidement rendre accro, notamment si on le consomme du matin au soir comme moi. Plutôt que de les arrêter brusquement, j'ai donc réduit ma prise de ces deux médicaments, par paliers. Ça n'a pas été simple car mon corps m'imposait régulièrement des mini-crises d'angoisse pour réclamer ces anxiolytiques mais, au bout de plusieurs mois, j'ai réussi à me sevrer. À l'heure actuelle, je prends toujours les trois antiépileptiques puisque, les rares fois où j'ai tenté de diminuer leurs doses, ç'a eu pour effet de générer des crises. Or, moins j'en fais, mieux je me porte. J'accepte donc leurs effets secondaires, comme la fatigue ou les nausées.

Ces médicaments se sont accumulés au fil du temps, mois après mois, car aucun n'arrivait, à lui seul, à faire disparaître mon épilepsie. Tous engendrent une grande fatigue, j'appelle donc ça « le cocktail soporifique ». Si on donnait les mêmes doses, du jour au lendemain, à quelqu'un qui n'en a jamais pris, ça le mettrait KO. Ça pourrait même endormir un cheval ! Parfois, j'essaye de me rappeler qui j'étais avant de prendre tous ces médicaments : quelqu'un qui se sentait parfois reposé. Désormais, chaque matin, c'est la même rengaine : j'ai la sensation d'être sorti la veille, de n'avoir pas dormi de la nuit et de m'être mis une grosse murge. Physiquement, je ne suis que l'ombre de moi-même. Je tente tant bien que mal de camoufler cette fatigue perpétuelle en buvant jusqu'à huit tasses de café par jour. Sauf qu'à force d'en boire, la caféine est devenue une drogue dont j'ai besoin mais dont je ne ressens malheureusement plus pleinement l'effet.

On pourrait penser que je n'ai qu'une seule maladie, mais à mes yeux, j'en affronte deux : la tumeur et l'épilepsie. Pour la tumeur, j'ai subi deux opérations le même mois et combattu l'infection pendant les trois mois suivants. Sans oublier le réapprentissage de ma langue maternelle. Cette période a été certes intense et traumatisante mais j'ai réussi à remonter la pente et à ne plus y penser constamment. Je vais faire une IRM tous les six mois pour vérifier son évolution et, bizarrement, je ne stresse jamais.

C'est uniquement dans la salle d'attente, quelques minutes avant qu'un radiologue vienne m'informer de l'évolution de la tumeur que j'envisage la possibilité qu'on m'annonce une mauvaise nouvelle. Mais le restant de l'année, je n'y pense pas directement, à vrai dire, je suis même le premier à en rire.

Concernant l'épilepsie, c'est totalement différent. C'est un combat qui n'a pas le même format, c'est présent à chaque instant, je peux faire des crises n'importe où et n'importe quand. Je n'ai de cesse de penser à elle tous les jours depuis ma première crise. Elle me contraint à avoir une certaine hygiène de vie : je ne conduis pas, je dois éviter les nuits blanches, le stress, la lumière bleue des écrans… C'est une épreuve moins violente mais qui n'a jamais de fin, c'est un puits sans fond. Si ma tumeur était une course de 100 mètres, alors l'épilepsie serait un marathon.

En mai 2022, nouveau rebondissement. M. Duffau m'annonce qu'il ne m'opérera probablement plus jamais pour deux raisons : premièrement parce que la moitié de cette opération avait pour but de diminuer mon épilepsie et que, grâce à mon nouveau traitement, le Briviact, les crises partielles ont quasiment disparu. Et deuxièmement parce que ma tumeur continue de se développer dans une zone du cerveau difficilement opérable. Une nouvelle intervention ne permettrait d'ôter qu'environ la moitié de ma tumeur, les risques encourus seraient alors trop importants par rapport au bénéfice obtenu, d'après lui. Il propose comme solution de la chimiothérapie médicamenteuse à partir du moment où ma tumeur ferait plus de 15 centimètres cubes. Mon neurologue nancéien, M. Taillandier, que je vois tous les six mois, pourrait prendre en charge ce traitement. Ça tombe bien car je pense qu'en connaissant les conséquences d'une opération, que j'avais sous-estimées les premières fois, j'aurais été beaucoup moins vaillant.

Six ans après ma première opération, c'était la première fois que je m'autorisais à entrevoir un avenir. Je ne dis pas que toutes mes pensées étaient défaitistes mais je refusais simplement de faire des projets à long terme avant cette annonce. L'immense épée de Damoclès au-dessus de ma tête s'était transformée en couteau.

J'ai toujours parlé de ma maladie avec légèreté aux gens, en gardant le sourire et en minimisant les faits. Je ne m'avance pas trop dans les détails, j'y mets même une pointe d'humour car je ne veux jamais les mettre mal à l'aise ni susciter leur pitié. Je crois que j'aurais été incapable de raconter toute cette partie de ma vie en voyant un visage se décomposer en face de moi, mot après mot, page après page.

Ma maladie a été difficile à affronter mais m'a ouvert les yeux sur la vie que je menais, elle m'a incité à me remettre en question et à me concentrer sur le moment présent. Elle m'a ouvert la voie vers une nouvelle passion, celle qui a transformé Florent Speroni en Le Parfait Inconnu.

6

Naissance du Parfait Inconnu

On me demande souvent si mon pseudo, « Le Parfait Inconnu » est un clin d'œil aux « Inconnus ». Cette question me paraît cohérente car ce sont trois piliers de l'humour mais en réalité mon choix n'a aucun rapport avec eux. C'est un surnom que j'ai choisi en quelques secondes pour rester anonyme face à mon succès grandissant sur Twitter.

Ça remonte alors à mes tout débuts, mon premier tweet date de février 2015. Je me souviens qu'à l'époque, je commençais à avoir un train-train quotidien et à m'ennuyer au travail. Je m'imposais des grosses journées, j'arrivais tôt et je ne quittais pas avant 18 heures pour me faire bien voir par mes supérieurs et mes collègues. Rester tard au bureau est une habitude typiquement française, surtout pour les cadres, tandis que, chez certains de nos voisins européens, c'est considéré comme un signe d'inefficacité.

Je ne me serais jamais imaginé partir deux heures avant tout le monde en disant « *time is money* les gars ! ».

Alors, pour contrer mon ennui, j'ai commencé à flâner sur Twitter et même à y publier des blagues. C'est d'ailleurs bizarre d'écrire des tweets lorsqu'on a zéro abonné, c'est comme faire un spectacle dans une salle vide. Puis j'ai eu un premier abonné, un deuxième, un troisième... un public que je ne connaissais pas et qui était donc forcément objectif avec moi. Je savais que j'étais capable de faire rire mes proches – et je pense qu'on en est tous capables – mais j'ignorais si j'arriverais à le faire avec des inconnus.

Dès que je dis cette phrase, les gens pensent que j'exagère pour me faire complimenter alors que je doutais sincèrement de mon humour. D'ailleurs mes premiers tweets n'étaient pas dingues, je pensais inventer des jeux de mots inédits mais je me rendais souvent compte que j'étais loin d'être le premier à les avoir publiés. J'ai rapidement découvert la principale difficulté de l'humour : l'originalité. Le plagiat est détesté sur Twitter. Lorsqu'un plagiat est détecté, il est pointé du doigt et l'auteur perd toute crédibilité, il est vite mis à l'écart. Les Twittos drôles représentent un petit monde, on en fait vite le tour. D'après moi, quelques centaines d'utilisateurs, pas plus.

Je me suis alors renseigné sur les règles à respecter pour réussir à intégrer rapidement ce microcosme. J'ai donc pris l'habitude, avant de publier un tweet, de taper ses mots-clés dans la barre de recherche pour m'assurer que personne n'en avait posté un similaire avant moi. Beaucoup de mes idées sont donc mortes avant même de voir le jour. Malgré des recherches méthodiques, ça m'arrivait parfois de sortir des vannes qui existaient déjà.

J'ai par exemple écrit « *Je vois que sur Twitter tout le monde se suit, mais est-ce qu'il y en a au moins UN qui sait où on va ?!* ». Ce tweet avait bien marché en accumulant rapidement plus de mille retweets. Mais quelqu'un m'a accusé en commentaire d'avoir simplement traduit un tweet anglais publié trois ans plus tôt.

C'est déjà compliqué de faire des recherches en français, ça devient quasi impossible si on doit inclure d'autres langues. Mais je comprends l'idée : énormément de Twittos s'autoproclamaient humoristes alors qu'ils n'étaient que des traducteurs de vannes qui avaient cartonné dans d'autres pays. Bref, des imposteurs. Sauf que le tweet anglais qu'on m'accusait d'avoir plagié n'avait obtenu que deux retweets, ce qui m'a permis de facilement me défendre. Qui prendrait le risque de traduire un tel flop ?

Le premier tweet qui a vraiment cartonné pour moi, c'était la capture d'écran d'un e-mail dans lequel la direction de M6 me demande d'arrêter de les solliciter pour créer une émission de rencontres pour enfants qui s'appellerait *L'amour est dans le préau.*

C'était évidemment un faux e-mail mais beaucoup de personnes l'ont pris au premier degré. Je n'avais à ce moment-là que quelques dizaines d'abonnés. Je me souviens d'avoir publié discrètement ce tweet, avec mon téléphone, en plein milieu d'une réunion de travail. Je le repose sur la table et il se met à vibrer une fois, deux fois, trois fois... Il ne s'arrête pas. Tous les yeux de mes collègues se dirigent vers mon téléphone.

Je l'attrape en étant persuadé que c'est un appel mais en réalité chaque vibration est un retweet. De nouvelles notifications apparaissent constamment sur mon écran. J'essaye de mettre mon téléphone en silencieux sauf qu'il bugge, il vibre en permanence, je décide alors de l'éteindre. En sortant de la réunion, je le rallume et découvre que ma publication n'a pas, comme à son habitude, seulement une dizaine de retweets mais plusieurs milliers. Mon compte, quant à lui, a dépassé les 1 000 abonnés. Je le réactualise plusieurs fois pour m'assurer que je ne rêve pas et à chaque fois que mon pouce balaye mon écran, ce chiffre s'accroît.

Ça fait moins d'un mois que je suis inscrit, comment est-ce possible ? Je pouffe de rire en posant ma main sur la bouche, presque pour m'interdire d'y croire.

Un shoot d'adrénaline parcourt mon corps, un voyage éphémère vers l'extase. Et si ce n'était que le début ?

Puis je reviens à la réalité et prends conscience que le nom de mon compte est « Florent Speroni ». Je l'efface, il faut que je trouve autre chose, je ne veux pas que mes supérieurs fassent le rapprochement avec moi si jamais ils tombent sur ce tweet ou sur mes prochains. Je ne veux pas qu'ils découvrent que je passe du temps sur cette application pendant mes heures de boulot. Je réfléchis. Comment pourrais-je m'appeler ? Qu'est-ce qui m'irait bien ?

Après tout, je veux simplement rester discret, je ne veux pas qu'on puisse faire le lien avec moi, je veux rester « un parfait inconnu ». C'est pas mal, ça ! Je tape ce nom dans la barre de recherche pour vérifier sa disponibilité, plusieurs utilisateurs s'appellent déjà comme ça mais ils n'ont que quelques dizaines d'abonnés.

J'en déduis qu'il est libre. J'écris alors « un parfait inconnu » à la place de mon nom mais j'ai néanmoins le sentiment qu'il manque un détail pour le rendre vivant. J'efface « un » et j'écris « Le ». Là, je trouve que ça sonne mieux. Je lui mets une petite tape sur le cul, il pousse son premier cri, ça y est, Le Parfait Inconnu est né.

À partir du succès de ce tweet, cette application est devenue addictive pour moi, j'étais obnubilé à l'idée de trouver des blagues sur tout et n'importe quoi. Parfois, je trouvais un thème mais il me fallait plusieurs heures avant d'obtenir la formulation idéale qui ne dépasserait pas 140 caractères. Je publiais quotidiennement plusieurs tweets et mon objectif était qu'il y en ait au moins un par jour qui dépasse les 100 retweets.

J'effaçais tous ceux qui floppaient pour faire croire aux gens qui découvraient mon compte que je ne me trompais jamais, que mes vannes ne connaissaient pas l'échec. Après tout, je ne les écrivais pas pour moi mais pour mes abonnés, c'étaient eux les vrais juges. Je faisais comme les humoristes qui montent sur des petites scènes pour tester leurs nouvelles blagues : si elles marchent ils les intègrent à leur spectacle et en cas de bide, elles disparaissent. En un an, j'ai réussi à poster 21 tweets de plus de 1 000 retweets et mon compte a dépassé 15 000 abonnés.

Je raisonnais énormément en statistiques, je me fixais des objectifs chiffrés, je voulais être efficace. J'étais persuadé d'arriver tardivement sur cette plate-forme et qu'il me fallait donc rattraper mon retard.

J'osais par exemple écrire chaque semaine au responsable du site web Topito pour lui présenter mes meilleurs tweets de la semaine afin de figurer dans son toptweet hebdomadaire. Je croisais à chaque fois les doigts pour apparaître dedans, ça me faisait gagner des followers, je voyais ça comme une récompense. J'ai sympathisé avec énormément de Twittos en leur écrivant en privé, dont trois humoristes inconnus qui pourtant avoisinaient les 100 000 abonnés.

Je ne les connaissais pas, je n'avais jamais vu leur visage et pourtant ils étaient des célébrités à mes yeux. Ils m'avaient chambré en me disant que j'avais une réputation de « charognard » ou de « mendiant » car je leur demandais souvent de partager mes tweets. Ils m'ont néanmoins avoué qu'ils n'avaient jamais vu une ascension aussi rapide que la mienne sur cette plateforme. Pour moi, c'était une reconnaissance inestimable de la part des meilleurs.

J'ai d'ailleurs rencontré l'un des propriétaires de ces trois comptes lors d'une soirée à Paris. Le site web Twog organisait tous les trimestres un apéritif spécial Twitter. C'était l'occasion pour moi d'aller physiquement rencontrer plein de Twittos avec qui j'avais virtuellement sympathisé. En septembre 2015, j'ai ainsi fait l'aller-retour entre Nancy et Paris juste pour cet événement, preuve de mon engouement pour cette nouvelle activité. En arrivant dans ce bar, je me souviens écrire « Le Parfait Inconnu » sur une étiquette et la coller sur mon pull. En lisant celles des autres autour de moi, je découvre les visages de plein d'arobases qui me font quotidiennement marrer, c'est un moment plaisant de les rencontrer en chair et en os.

Puis j'aperçois au fond de ce bar l'étiquette « LaMortLaVraie » qui est l'un de mes Twittos préférés. C'est un compte qui a un humour noir dont je suis fan et qui n'hésite pas à me charrier par messages. L'absence de son visage sur sa photo de profil me laissait penser à un homme dur, froid et impassible. Mais le barbu en face de moi arbore un large sourire, il a l'air sympathique, presque timide. Je m'installe à sa table et lui demande de me prouver que c'est bien lui. Il attrape son téléphone et m'envoie une insulte par message, j'éclate de rire, je retrouve sa plume. Ce soir-là, j'ai ainsi fait la connaissance de Xavier Le Gall qui deviendra l'un de mes meilleurs potes et même, quelques années plus tard, le coscénariste de mes vidéos.

En à peine un an, Twitter est venu me conforter dans l'idée que j'étais drôle à l'écrit. Cependant, je n'étais pas entièrement comblé, une insatisfaction persistait. Fréquemment, je retrouvais mes punchlines sur Facebook sans aucune mention, des individus s'appropriaient mon travail et se faisaient féliciter à ma place. Un de mes tweets avait par exemple obtenu plus de 100 000 likes, ce qui m'aurait fait une sacrée publicité si mon nom n'avait pas été flouté.

Je voyais ça comme du vol, ça me foutait la rage. J'ai alors créé une page Facebook en septembre 2015 pour y poster des captures d'écran de mes propres tweets. Je pensais que mes publications allaient rapidement prendre de l'ampleur, car je savais qu'il y avait nettement plus d'utilisateurs sur Facebook que sur Twitter, mais cela n'a jamais vraiment décollé. Une idée commençait à germer en moi, celle d'aller au-delà de l'écriture. En octobre 2015, j'ai proposé à Xavier (La MortLaVraie) et deux autres gros Twittos doués de m'aider à écrire un *one man show*. Les trois étaient partants, c'était encourageant, mais je n'ai jamais réussi à écrire la moindre ligne. Certains peuvent penser que c'était le syndrome de la page blanche, moi je dirais plutôt le syndrome de l'imposteur. N'ayant jamais fait de théâtre, j'ai vite pris peur à l'idée de faire un spectacle entier, je me suis trouvé mille excuses pour ne jamais commencer. Même si c'était un rêve, à mes yeux, je ne me sentais pas suffisamment crédible pour me lancer dans un tel projet.

Je me rappelle également avoir consulté, dans la même période, un vidéaste professionnel pour connaître le budget nécessaire pour réaliser des vidéos. C'était en effet la seconde idée que j'avais en tête mais je voulais être méticuleux dans le but de proposer du contenu de qualité pour combler mon amateurisme. Je revois ma tête se décomposer lorsqu'il m'annonce 20 000 euros pour acquérir le matériel complet : une caméra, de l'éclairage et un micro.

Cette réponse m'a refroidi, je n'avais clairement pas les moyens. Cela me paraissait astronomique et, tout comme pour le one-man-show, j'en ai conclu que ce n'était tout simplement pas envisageable pour moi. Je pense qu'à l'époque, j'avais besoin de me trouver des alibis pour ne pas me lancer et que l'argent pouvait en être un.

Avec le recul, maintenant que je m'y connais un peu mieux, j'ai conscience qu'on s'était mal compris sur le terme « qualité » car jamais de ma vie, je n'ai investi autant d'argent pour m'acheter le matériel en question. Moi, je pensais à des vidéos YouTube, lui sans doute à du contenu plus cinématographique.

La découverte de ma tumeur cérébrale quelques mois plus tard, en février 2016, a totalement bouleversé ma vie. Elle a balayé tous les prétextes que je me trouvais pour ne pas me lancer. J'avais pour habitude de tout repousser au lendemain jusqu'à ce que je prenne conscience qu'il n'y aurait peut-être jamais de lendemain. J'allais potentiellement disparaître, je n'avais plus rien à perdre. En plus, j'avais du temps libre puisque j'étais en arrêt maladie.

J'ai alors filmé deux vidéos, avec mon téléphone, dans mon appartement et j'ai découvert comment faire du montage avec un logiciel gratuit mais je ne les ai pas publiées. Elles ont été certes un bon entraînement, je ne les trouvais néanmoins pas à la hauteur, je ne voulais pas rater mon entrée. Aucune vidéo en ligne et j'étais déjà exigeant avec moi-même. Je les ai quand même envoyées à quelques proches pour obtenir leurs avis qui globalement étaient positifs, à l'exception de celui de mon ami Xavier qui, lui, a identifié plusieurs défauts.

Ses remarques étaient constructives, tant au niveau du scénario que du montage. Je ressentais chez lui une volonté de s'impliquer. Il mettait le doigt sur des défauts mais prenait le temps de me faire d'autres propositions concrètes : des répliques plus affinées, une meilleure chute, une manière de filmer plus dynamique, etc.

Je percevais son savoir-faire dans l'art de construire des vannes ; il n'avait pas obtenu ses 100 000 abonnés sur Twitter par chance.

La première vidéo que j'ai finalement publiée, c'était en avril 2016. Je me rappelle, quelques jours plus tôt, voir à la télévision Gilles Verdez se prendre une gifle de la part de JoeyStarr dans l'émission TPMP. Je trouvais que Gilles exagérait cet événement sur les différents réseaux sociaux, je sentais qu'il y avait moyen de rebondir sur cette actualité et de la tourner en dérision.

J'ai alors passé plusieurs heures à chercher une vanne qui pourrait fonctionner en vidéo, seulement, rien ne me venait. À force de naviguer sur Internet, je découvre une nouvelle application gratuite permettant de réaliser des effets spéciaux depuis nos téléphones. Je l'essaye en filmant mon salon et j'aperçois sur l'écran un avion envahir la pièce pour la bombarder. Je fais immédiatement le lien, ça illustre parfaitement la manière dont Gilles Verdez a dramatisé les faits :

il n'a pas reçu une gifle mais plutôt participé à une véritable guerre.

Je décide d'utiliser cet effet spécial pour réaliser une vidéo dans laquelle j'échappe de peu à un bombardement. Je veux la tourner tout de suite, au beau milieu d'une journée. Ça traite une actualité, je n'ai pas envie d'attendre.

Me voilà donc en pleine nature, filmé par mon grand-père. La première phrase qui sort de ma bouche et qu'on pourra entendre dans cette vidéo est « Salut, c'est Le Parfait Inconnu ». Ça y est, le personnage que j'ai créé il y a un an vient de prononcer ses premiers mots.

On tourne plusieurs plans et je me dépêche de rentrer chez moi pour monter cette vidéo. J'essaie de la condenser au maximum pour qu'elle ne dépasse pas 30 secondes, la limite autorisée sur Twitter à cette époque. Je la baptise « Putain, j'ai survécu ».

Avec le recul, je trouve amusant d'avoir choisi ce titre sans savoir que, quelques mois plus tard, c'étaient les mots que j'allais réellement prononcer sur mon lit d'hôpital. Je partage la vidéo sur Twitter, ma page Facebook et j'en profite également pour créer une chaîne YouTube.

C'est la plateforme d'hébergement de vidéos la plus populaire, pourquoi pas tenter ma chance ? Au moment de mettre en ligne ma vidéo, je ressens une certaine appréhension car mes abonnés vont découvrir mon visage et me juger sur un terrain inexploré. Des questions se multiplient. Et s'ils trouvaient ça nul ? S'ils me disaient que j'étais meilleur à l'écrit ? Que je ferais mieux de m'abstenir d'en faire d'autres ?

Je décide d'ignorer mes peurs en cliquant sur « Publier ». J'ai bien fait puisque c'est tout l'inverse qui s'est produit. J'ai reçu des dizaines de commentaires élogieux et encourageants : « On en veut tous les jours des comme ça, t'es au top », « C'est génial » ou encore : « Magnifique, tu iras loin petit. » Sans compter l'inévitable jeu de mots que je relirai à chacune de mes vidéos : « Tu n'es plus si inconnu que ça. »

Elle obtient quelques centaines de likes sur Facebook et de retweets sur Twitter, ce n'est pas une grande réussite par rapport à certains de mes tweets mais je me rassure : ce n'est que ma première tentative. J'aurais été le premier à trouver ça bizarre que cette vidéo cartonne du premier coup, je reste déterminé à en faire une deuxième.

Xavier et moi, on se partage de nombreuses idées de scénarios, on en discute ensemble mais aucune ne me convainc vraiment. Il me propose de me baser sur des faits d'actualités, ça augmente les chances de faire un buzz. Ça ne m'intéresse pas, je préfère tourner des vidéos intemporelles pour que mes abonnés puissent les regarder des années plus tard sans qu'elles soient jamais démodées. Il me déniche alors l'un de ses tweets en m'expliquant que, lorsqu'il l'a écrit, il s'imaginait peut-être un jour le transformer en vidéo :

« Raclette ?

— Non, il fait pas assez froid.

L'assomme.

La met dans le coffre.

Roule jusqu'en Norvège.

La sort du coffre.

— Raclette ? »

J'éclate de rire en le lisant, je l'imagine parfaitement en vidéo car ce ne sont pas juste des répliques drôles, ça peut devenir une vanne visuelle. Je trouve que c'est à la fois absurde et original. C'est du second degré poussé à l'extrême et ça tombe bien, c'est totalement mon type d'humour.

Xavier l'ignore mais il vient de me proposer le scénario de la vidéo qui restera, encore à l'heure actuelle, ma préférée. C'est celle qui m'a donné envie d'en faire plein d'autres.

Comme je veux faire proprement les choses, je me demande comment réussir à représenter la Norvège à l'écran. De la fausse neige au sol par exemple, ce serait parfait puisque ça amènerait un côté réaliste. Je cherche à en acheter en ligne, oui, je suis fou à ce point.

Coup de chance, je reçois un coup de fil de mon frère qui est en déplacement dans les Vosges, à une heure de route de chez moi, et qui m'annonce qu'il neige alors qu'on est fin avril, improbable. Il me dit que c'est possible que ça tienne jusqu'au lendemain mais pas au-delà, alors je dois me dépêcher. Je raccroche et passe tout de suite plusieurs coups de fil pour trouver quelqu'un qui pourrait partir avec moi le lendemain matin pour me filmer. Un copain me répond qu'il est chaud avant même que je lui explique mon projet : c'est ça, les vrais potes.

On part donc le lendemain mais à peine arrivés dans les Vosges, on constate rapidement que la neige a fondu. On tourne en rond pendant des heures et on parvient enfin à en trouver au sommet d'une montagne. J'ai vraiment bien fait de ne pas attendre plus longtemps. On commence donc, mon pote me filme avec son iPhone 6, je prends mon temps pour chaque plan, je préfère en avoir trop que pas assez. Je le vois d'ailleurs vapoter pendant qu'il me filme, je lui demande alors de me prêter sa cigarette électronique pour cracher de la fumée et donner une impression de fraîcheur car il ne fait pas si froid que ça.

À la fin du tournage, j'ai la tête qui tourne et envie de vomir tellement j'ai tiré dessus, moi qui ne fume jamais. Quelques jours plus tard, il y a un grand ciel bleu à Nancy, j'en profite pour tourner les scènes manquantes. Dont le moment où j'assomme ma cousine au ralenti avec un appareil à raclette.

L'astuce que j'ai trouvée et qui fait la différence, c'est son chapeau, qu'on tire avec du fil de pêche pour qu'il s'envole et donne l'impression que je l'assomme vraiment. C'est ce petit détail qui, encore des années plus tard, rend cette scène réaliste. J'ai rapidement monté cette vidéo dans les jours qui ont suivi. J'ai tout de même pris le temps de choisir une musique qui collait au côté absurde de cette histoire, en optant pour *Twisted Nerve* de Bernard Herrmann que j'avais découvert dans le film *Kill Bill* volume 1.

J'ai envoyé trois brouillons à Xavier car on détectait à chaque fois des légers détails qui méritaient d'être modifiés. Encore une fois, je ne voulais pas qu'elle dépasse 30 secondes, la limite maximum sur Twitter. On était fiers du résultat. Celle-là, je sentais qu'elle allait marcher. Ce type d'intuition ne s'explique pas toujours, c'est comme quand je publiais certains tweets, une part de moi devinait parfois lesquels allaient exploser.

Sauf que ce coup-ci, mon intuition m'a fait défaut, cette vidéo n'a pas explosé. Elle n'a pas fait un bide, elle a quand même obtenu en quelques jours 1 000 RT sur Twitter, grâce à quelques gros Twittos qui me l'ont partagée pour me soutenir. Alors certes, c'est pas mal, mais je m'attendais à un plus gros succès, notamment sur YouTube où elle s'est arrêtée à 3 000 vues au bout de quelques jours. Cette fois, sur Facebook, j'avais mis un lien vers ma chaîne plutôt que de la poster directement. Je pensais que beaucoup de gens allaient cliquer dessus mais ces deux plateformes sont concurrentes, ils n'ont jamais simplifié le passage de l'une à l'autre.

Je me lance dans une troisième vidéo, encore plus complexe à réaliser. C'est l'histoire d'un mec qui fait confiance à sa meuf à 100 %. Son meilleur pote essaie de l'alerter car elle se met à danser avec un autre gars en boîte de nuit sauf qu'il lui répond « mais non, t'inquiète ».

Il lui ressort cette phrase quand ils la voient embrasser son prétendant, coucher avec lui dans les WC et même quand elle finit par l'épouser. Encore une fois, c'est un humour absurde. Je dirais même « farfelu », mon mot préféré pour qualifier mon humour.

Je me rends rapidement compte que ce tournage est compliqué, j'ai besoin de trouver plusieurs lieux, plusieurs comédiens et même des figurants. Heureusement, Nancy est une petite ville, je déniche les décors nécessaires, on me prête un bar et je trouve une église.

Une dizaine de potes répondent présents pour venir jouer les figurants. Je n'en reviens pas d'avoir autant d'aide en si peu de temps. Une amie, qui a fait une école de cinéma, me propose même de venir me filmer avec son appareil photo. Je n'y connais rien, elle a forcément plein de choses à m'apprendre. Mais elle me déçoit vite.

Elle arrive avec presque une heure de retard au tournage et elle se rend compte en déballant son matériel qu'elle a oublié de recharger ses batteries et même de prendre une carte mémoire. Son appareil est donc inutilisable, heureusement que ma copine a, elle aussi, ramené le sien, à la base pour prendre quelques clichés souvenir. Même si nous devons nous dépêcher à cause des batteries et du temps compté, on arrive à filmer chaque scène plusieurs fois. Je ne vais pas trop vérifier derrière la caméra, je lui fais confiance.

Ce n'est pas moi qui ai appris les bases du cinéma dans une école spécialisée après tout ! Ça se joue à quelques minutes de batterie mais on parvient à filmer toutes les scènes. Elle retire la carte mémoire de l'appareil photo sans l'éteindre – chose qu'il ne faut surtout pas faire – pour me la tendre. En rentrant chez moi, je suis pressé de voir à quoi ressemblent ces images. Est-ce que ce qu'elle a filmé est stylé ? Je n'en aurai foutrement jamais aucune idée. La carte mémoire n'est pas reconnue par mon ordinateur, elle a grillé.

J'ai contacté un informaticien en priant pour qu'il parvienne à la réparer, il n'a malheureusement pas réussi. J'étais hyper frustré : une journée entière de tournage pour rien ! Il m'a alors conseillé de l'amener dans un laboratoire de réparation en me précisant que ça pouvait me coûter cher, environ 1 000 euros. Cette somme exorbitante dépassait clairement mon budget, j'ai donc opté pour l'idée de refilmer cette vidéo un jour. Inutile de préciser que je n'ai jamais refait appel à cette pote. D'ailleurs, je n'ai plus jamais eu une confiance aveugle envers les gens qui avaient fait une école de cinéma.

Quelques jours plus tard, j'ai écrit un scénario en une seule matinée que je me suis empressé de réaliser l'après-midi avec mes parents. Ma mère pour me filmer et mon père pour jouer un clodo à mes côtés. J'ai intitulé cette vidéo « Vie de merde ». Elle a malheureusement fait un flop avec seulement 65 RT sur Twitter, ce qui m'a alors confirmé qu'il ne faut jamais se précipiter. J'ai compris que, pour rédiger un script, il faut que je laisse mes idées mariner quelques jours pour réussir à avoir un regard extérieur. En plus, je ne l'avais même pas envoyée à Xavier pour avoir son avis. Bref, je n'ai pas aimé cette vidéo.

D'ailleurs, un plan sur deux, on voyait le doigt de ma mère sur l'objectif. Elle m'a indirectement fait comprendre que ce serait préférable que je trouve quelqu'un d'autre pour me filmer.

Le hasard fait bien les choses car peu de temps après, pendant un dîner avec mes parents, un ami à eux, Pascalou, m'explique qu'il a un appareil. C'est un amoureux de la photo depuis une trentaine d'années, il n'a toutefois jamais essayé de filmer. Il est capable de m'expliquer le fonctionnement d'un appareil photo pendant des heures. Il me sort des termes que je n'ai jamais entendus de ma vie : *ISO*, *balance des blancs*, *bokeh*, *focale*, *désaturer*, *histogramme*, *opacité*, *RAW*, *stabilisateur*, etc.

Je suis vite perdu. En tout cas, il semble infiniment plus passionné et calé que ma pote qui est venue griller ma carte mémoire quelques jours plus tôt.

À la fin du repas, il me donne son numéro de téléphone pour le contacter si jamais j'ai besoin de lui. Il ne sait pas dans quoi il s'embarque, le pauvre ! Je lui propose, sans attendre, une date de tournage pour ma quatrième vidéo, « Hey mademoiselle ».

Le pitch est simple : deux potes sous un abribus aperçoivent une jeune femme au loin. Mon personnage lui lance « Hey mademoiselle, vous êtes charmante », c'est sa technique de drague, sauf que cette dernière se rapproche pour lui demander son 06. C'est la première fois que sa phrase d'accroche fonctionne, il perd donc tous ses moyens et décide de fuir en courant. Je me souviens pour ce tournage demander à Pascalou des plans presque impossibles à filmer :

— Là, tu filmes mon visage puis tu tournes la caméra et tu zoomes sur la femme au bout de la rue.

Il éclate de rire et me dit que ce que je lui demande n'est techniquement pas réalisable.

Je n'avais clairement aucune idée de ce qu'on était capable de faire avec ce type de matériel, je n'avais jusqu'à présent utilisé qu'un téléphone pour filmer. C'était notre première fois à tous les deux : première fois que lui réalisait une vidéo, première fois que j'utilisais un appareil photo. On s'est dépucelés le même jour. On a appris les rouages de ce métier et on a commis des erreurs ensemble. Dans certaines vidéos, on a par exemple filmé avec un contraste beaucoup trop important, l'image était « cramée », c'est-à-dire beaucoup trop lumineuse et irrattrapable au montage.

Mes quatre premières vidéos ne marchent pas, je dirais même qu'elles marchent de moins en moins. La quatrième, « Hey mademoiselle » ne fait que 870 vues sur YouTube en vingt-quatre heures, je n'ai jamais connu un tel flop. Pour la cinquième, je décide de transformer en vidéo un de mes tweets qui avait connu un franc succès avec plus de 2 000 retweets. J'ai conscience qu'il s'agit d'un cliché sur la femme qui ne sait pas faire de créneau mais je me moque justement de ce cliché en le poussant à l'extrême : une maman ne voit pas son fils grandir car ça fait des années qu'elle tente de se garer.

Cette vidéo explose sur Facebook en dépassant les 300 000 vues en vingt-quatre heures, c'est la première d'une longue liste. J'en profite alors pour reposter « Raclette » sur Facebook puisqu'à la base, j'avais juste mis un lien vers ma chaîne YouTube. Cette vidéo connaît un véritable succès en dépassant 1 million de vues en seulement une semaine. J'en ai une, des années plus tard, qui a atteint 30 millions de vues mais elle m'a moins touché que celle-ci. Peut-être parce que c'était la première. Peut-être parce que, pour moi, 1 million représentait la réussite et qu'elle venait de me prouver que mon rêve était atteignable, même pour un amateur comme moi.

J'ai continué à chercher des idées en fouinant Twitter, je voulais trouver des tweets drôles à transformer en vidéos. J'avais conscience que notre génération était devenue une génération de « zappeurs », il faut la faire rire rapidement. Si on ne capte pas l'attention des gens dans les trois premières secondes, ils regardent autre chose. C'était déjà ce que je pensais à l'époque et je trouve que ce constat s'est renforcé avec l'apparition de TikTok.

J'ai tourné par la suite deux autres vidéos en utilisant des tweets qui n'étaient pas de moi. J'ai contacté les Twittos pour leur expliquer mon concept et surtout pour leur demander leur autorisation. À chaque fois qu'une idée ne venait pas de moi, j'indiquais leur nom dans le générique de fin.

Je me souviens finir précipitamment le montage de ma septième vidéo, « Le Trou », pour la poster tard le soir le 29 juin 2016. Je ne voulais pas aller me coucher sans l'avoir mise en ligne. Le lendemain, je partais à Montpellier pour me faire opérer et je savais que je risquais de disparaître pendant quelques jours, voire quelques semaines.

J'avais clairement sous-estimé la violence de ce que j'allais subir car j'ai disparu des réseaux pendant trois mois. Xavier prenait souvent de mes nouvelles par texto après ma première opération. Pour le remercier, je lui ai envoyé une photo de moi avec ma joue gauche boursouflée et un œil au beurre noir. On pouvait apercevoir les fils de ma plaie dans les cheveux. À l'heure actuelle, quand je relis les messages que je lui envoyais, je constate l'étendue des dégâts dans ma manière d'écrire. Je confondais énormément les mots, mon premier message était « J'ai mal à la tronche de ma tête mais je vais vivant ». À sa place, j'aurais pris peur. Cette histoire nous a au contraire rapprochés, il m'écrivait régulièrement. J'ai d'ailleurs constaté, en me replongeant dans nos messages, que je lui racontais chaque événement médical en détail, sans filtre.

Cela m'a donné l'impression de les revivre avec le moi du passé qui venait de se faire enlever une partie du cerveau. Je ne sais pas comment Xavier a fait pour réussir à continuellement me répondre, malgré la violence morbide de certains messages. Je lui ai par exemple avoué avoir eu des envies suicidaires pendant quelques mois pour stopper à tout jamais les crises d'épilepsie quotidiennes que j'affrontais début 2017. Beaucoup de gens auraient fui, lui, à l'inverse, s'est rapproché pour me soutenir.

Ma mémoire courte était défaillante, je lui répétais en boucle que mes vidéos étaient devenues ma nouvelle passion. Je lui demandais d'écrire des blagues pour les prochaines vidéos car j'avais conscience que j'en étais incapable, je ne comprenais plus vraiment le second degré.

Je trouve ça drôle comme concept : quelqu'un qui ne comprend pas l'humour mais qui rêve de devenir humoriste. J'en parlais à toutes les personnes qui venaient me voir à l'hôpital après ma seconde opération. Je suis resté bloqué dans une chambre pendant un mois et c'était mon principal sujet de conversation. Je n'hésitais pas à me faire de la publicité auprès de toutes les infirmières que je croisais. Le rêve du petit enfant de 6 ans que j'étais de nouveau consistait à devenir un jour un vidéaste célèbre.

Pour cela, je ne reculais devant rien. Je me suis mis à écrire des messages à rallonge à toutes les pages Facebook qui pouvaient potentiellement partager mes vidéos. Mes phrases ne ressemblaient à rien. Je racontais ma vie, mon opération, toutes les difficultés que je venais de rencontrer sans tabou, dans les moindres détails. Je finissais mes messages par « Bisous » comme si j'écrivais à mes tontons. Ça a fonctionné malgré tout, plusieurs de ces pages ont partagé certaines de mes vidéos. Grâce à leurs partages, je suis passé de 15 000 abonnés à 40 000 pendant cette période où je ne pouvais rien publier.

J'ai également écrit à des célébrités qui me suivaient sur Twitter comme Dechavanne, Titoff ou encore Kavanagh. Mes messages n'avaient toujours aucun sens. Je leur expliquais que je venais de frôler la mort et que j'adorerais un jour jouer avec eux. En relisant ces messages aujourd'hui, je suis mal à l'aise. Le même genre de gêne que celle qu'on ressent quand on relit un texto qu'on a envoyé à notre ex, bourré, à 5 heures du matin. Je leur ai raconté une période sombre et douloureuse de ma vie, sans préliminaire, il y avait mieux comme première impression. Ils m'ont cependant presque tous répondu en me disant qu'ils iraient découvrir mes vidéos. Ça m'a fait sourire. J'étais rempli d'amour et d'inconscience, ça me faisait presque oublier toute la souffrance dans laquelle je baignais.

À ma sortie de l'hôpital, à la fin du mois, j'ai jeté un dernier regard vers ma chambre. Je savais que j'avais créé ce personnage avant de rentrer dans cette pièce, mais c'est en frôlant la mort que Le Parfait Inconnu a réellement pris vie.

7

Vers les sommets et l'au-delà

En sortant de l'hôpital, un cadeau m'attendait : un ordinateur portable avec un logiciel de montage offert par une vingtaine de mes proches. Ils m'avaient tous laissé un mot, sur une carte, pour me soutenir. J'avais presque oublié que mon véritable anniversaire, je l'avais fêté un mois plus tôt, allongé sur mon lit d'hôpital, avec comme présent un menu Maxi Best Of de chez McDo. Je n'avais qu'une envie, reposter une vidéo. Je me suis toutefois un peu trop précipité, l'organisation du tournage suivant était prématurée. Dans ma neuvième vidéo, « Votre fils n'est plus sourd », on me retrouve beaucoup plus maigre et l'air fatigué. Ce qui est drôle, c'est qu'on a tourné ça dans un hôpital – à croire que ce type de lieu me manquait. J'en garde un mauvais souvenir, j'avais en effet du mal à jouer la comédie et à articuler correctement. Des proches m'avaient conseillé de me reposer encore un peu, bien sûr je ne les ai pas écoutés.

À la sortie de ce tournage, je me souviens marcher dans la rue avec une bonbonne d'hélium que je venais d'utiliser dans cette vidéo, et de m'arrêter devant les bureaux de Lor'Actu, un site web d'actualité à Nancy. Je suis entré, au culot, sans me poser la moindre question. Auparavant, je me serais trouvé des excuses du style « Je n'ai pas de rendez-vous », « Je ne suis pas assez connu », « C'est bizarre de parler de soi-même ». Mais là, j'étais devenu opportuniste, je me répétais sans cesse que je n'avais rien à perdre. J'ai balancé mon histoire au journaliste qui m'a reçu, je lui ai parlé de ma tumeur et de ma passion qui venait de naître. Je savais que mon parcours pouvait toucher les gens. Certains n'auraient jamais osé la raconter par peur qu'elle génère de la pitié. Moi, je m'en foutais, je voulais utiliser ma faiblesse comme une force.

Des gens qui se lancent dans les vidéos, il y en a tous les jours. Mais des gens qui s'y lancent avec un bout de cerveau en moins, c'est plus rare. Les journalistes aiment les histoires originales, je suis donc allé toquer à toutes les portes des journaux locaux et ils m'ont tous reçu avec plaisir. L'article qui m'a le plus marqué était celui de *Closer* qui avait le titre le plus putaclic que j'aie jamais vu me concernant. « Un jeune guéri d'une tumeur devient une star de l'humour sur Facebook ! » Rien n'allait dans ce titre : je ne suis plus si jeune que ça, je ne serai jamais vraiment guéri et surtout, je suis loin d'être une star.

J'ai enchaîné des interviews au fil des années, je suis passé sur France 2 dans l'émission *Ça commence aujourd'hui*. Ou encore sur France 3 Lorraine, je me souviens, j'avais les cheveux gominés, j'ignorais ce qui m'avait pris de mettre autant de gel. Quand le présentateur m'a demandé pourquoi je m'étais lancé dans les vidéos, j'ai commencé la phrase la plus longue de ma vie. Je savais qu'elle avait un début mais j'ignorais moi-même si elle aurait une fin. Plus je débitais des mots, plus le regard du présentateur se perdait dans le vide. Pour abréger ses souffrances, j'ai lâché un « donc voilà » qui n'avait rien à foutre ici. Après ce passage, j'ai retravaillé mon discours pour qu'il soit mieux rodé.

Je présentais, avec le sourire, un homme qui en a certes chié mais qui est devenu un warrior pour aller au bout de ses rêves. À force de raconter mon histoire de cette manière, j'ai presque fini par oublier à quel point j'ai souffert : toutes les hallucinations que j'ai connues, toutes ces nuits où j'ai hurlé de douleur et le nombre de fois où j'ai fondu en larmes face à la peur de mourir. À force de répéter ce mensonge, « Je suis un warrior », à toutes les personnes qui me demandaient des nouvelles, j'ai réussi à me convaincre moi-même que j'en étais réellement un.

En décembre 2016, Titoff accepte de venir à Nancy pour tourner une vidéo avec moi, suite à nos échanges. Je n'en avais publié que onze, ça a pourtant suffi à le convaincre de me rejoindre. J'avais de nouveau choisi comme scénario l'un de mes tweets les plus populaires, avec plus de 7 000 retweets.

Je me souviens de son arrivée chez moi, au moment de lui serrer la main, la première phrase que je prononce n'est pas « Un honneur pour moi de te rencontrer » ou encore « Ton trajet s'est bien passé ? ». Non, je lui dis :

— Tu peux enlever tes chaussures s'il te plaît ?

Pour resituer le contexte, je vivais chez Sophie qui était un peu maniaque, son parquet était d'origine et c'était devenu un réflexe pour moi de demander aux gens de les enlever. Mais au moment où ça sort de ma bouche, intérieurement, je me dis qu'il y a plus sympa comme première phrase à sortir à une célébrité. Je me revois devant le four, en train de vérifier la cuisson de mes lasagnes, et lui de me rejoindre pour me dire avec son accent du Sud :

— J'ai regardé tes vidéos, franchement il y en a deux-trois qui sont tops.

Je lui réponds timidement :

— Ah bah merci, c'est gentil.

Puis il se reprend :

— Non, je te dis de la merde… En fait, elles sont toutes géniales.

Je reste bouche bée. Une vraie célébrité se tient dans ma cuisine et vient de me dire ça. J'avais déjà conscience que mes projets étaient en train de prendre forme mais ce compliment est une preuve concrète que mon humour commence à faire parler de lui.

Il continue :

— Et toi, t'as vu mes dernières vidéos ?

— Je… Euh… non.

— OK, attends, je te les montre.

Il sort son téléphone et je me dis que je suis vraiment un crétin de ne pas avoir regardé ses dernières publications avant qu'il débarque.

Il me montre alors une vidéo qui est une parodie de la publicité Nespresso. Ce qui capte en premier mon attention, c'est que sa qualité technique est bien supérieure à ce que moi, je sais faire. Nous n'avons clairement pas le même niveau. Tout au long du tournage, j'essaye cependant de mettre cette pensée de côté, d'oublier que c'est un acteur et moi, un amateur. Je me permets même de lui donner des conseils sur l'intonation que j'attends de sa part et de lui demander de jouer plusieurs fois chacune de ses répliques pour avoir du choix au montage. Ce n'est que ma douzième vidéo et je suis pourtant directif avec une personne dont c'est le métier depuis une vingtaine d'années.

En lui disant au revoir, je prends conscience qu'il est venu gratuitement à Nancy, que je ne lui ai même pas proposé de lui payer son billet de train ou son hôtel. Pour me faire pardonner, je lui ai alors offert une bouteille de champagne lors de mon séjour à Paris quand je suis venu voir sa pièce de théâtre. Cependant, il m'a de nouveau devancé en m'invitant au restaurant. J'ai imprimé une photo de nous deux que j'ai posée sur mon bureau ; pas pour annoncer un amour caché mais pour que je me souvienne que l'impossible n'existe pas.

Ce qui s'est confirmé quelques mois plus tard, quand j'ai de nouveau eu l'occasion de tourner aux côtés d'une célébrité grâce à Jérôme Le Banner, un ancien kick-boxeur professionnel. La comédie fait partie de ses talents et il a déjà joué dans une douzaine de films, dont *Fatal* ou encore *Astérix et Obélix aux jeux Olympiques*.

J'avais écrit un scénario dans lequel mon nouveau voisin utilisait une perceuse à 3 heures du matin, et en allant l'engueuler, je tombais sur un homme imposant. Trois personnes me semblaient alors idéales pour ce rôle : Teddy Riner, Sébastien Chabal et Jérôme Le Banner. Sans réfléchir, j'ai contacté les trois et Jérôme est le seul qui a répondu à mon e-mail.

Sa réponse a été directe : il me disait qu'il aimait ce projet et qu'il était partant. J'étais scotché, j'avais du mal à y croire. Il m'a envoyé son numéro de téléphone mais en appelant, je suis tombé sur une femme.

L'espace d'un instant j'ai cru que je n'avais pas composé le bon numéro ou que je venais d'échanger par e-mail avec un faux compte qui allait me demander de l'aider financièrement.

Je me suis présenté au téléphone avec énormément d'ironie et j'étais sur le point de raccrocher quand elle s'est présentée comme la femme de Jérôme et la personne qui gérait ses projets.

Je me suis mis à bégayer en repensant à toutes les conneries que je venais de dire. Malgré ce faux départ, le projet a pris forme. Jérôme m'a invité à le rejoindre dans sa ville, de l'autre côté de la France, au Havre. Sans hésitation, j'ai réservé deux billets de train pour m'y rendre au plus vite, accompagné de mon caméraman Pascalou.

La présence de Jérôme est imposante sur un ring, et je confirme qu'elle l'est encore plus dans la réalité : un colosse de 1,90 mètre pour 120 kilos, charismatique et à la voix rauque. Lors de notre poignée de main, je me suis demandé comment j'allais réussir à lui donner des directives pendant le tournage. Surtout que ce n'était pas évident pour moi de me prendre pour un réalisateur crédible avec quelqu'un qui avait déjà participé à des films à gros budget.

Cependant, il a rapidement dissipé mes appréhensions en montrant une grande sympathie et une écoute attentive. On a filmé une scène où je me retrouve à quatre pattes et où il se tient debout sur moi ; on dirait le synopsis d'un film de boules. D'après moi, il était plus proche des 300 kilos que des 120. À la fin, avant de partir, je lui ai tendu deux gants de boxe pour lui demander de les dédicacer pour mon petit frère, qui aurait adoré être présent. À chaque fois que je les vois chez lui, soigneusement posés sur une étagère, la satisfaction d'avoir saisi l'opportunité de tourner avec une célébrité dont il est fan m'envahit.

Grâce à l'enchaînement de ces vidéos, ma notoriété a grandi. On a commencé à m'écrire de plus en plus en privé et même à me reconnaître en public. La première fois qu'on m'a demandé un selfie, ça m'a forcément marqué. Je marchais dans la rue avec mon frère quand on a croisé un jeune. Je ne remarque pas qu'il me reconnaît, c'est mon frère qui me le notifie en me coupant la parole. Apparemment, il m'aurait fixé avec les yeux écarquillés. Intrigué, je me retourne et le vois en train de consulter son téléphone. Pensant qu'il me confond avec quelqu'un d'autre, je poursuis ma route. Soudain, le jeune homme vient me tapoter l'épaule en s'excusant.

— Je peux prendre une photo avec toi s'il te plaît ? Je suis fan de ce que tu fais.

J'essaye de paraître habitué à ce genre de demandes, je souris et forme même un signe V avec mes doigts pendant qu'il prend la photo.

J'ai déjà vu des stars le faire donc je les imite. Il me remercie et je lui réponds :

— Non, c'est moi qui te remercie.

On reprend notre route et je me demande intérieurement si cela s'est réellement produit.

Avec le temps ce genre de situation s'est multiplié, il m'est même déjà arrivé de me faire arrêter une dizaine de fois dans la même journée. Je pense que je ne m'en lasserai jamais car un selfie vaut tous les likes du monde. Les likes sont des chiffres, des statistiques, dont je me préoccupe évidemment puisqu'ils reflètent mes succès et mes flops. Lire un commentaire positif, c'est touchant pour moi, cependant je ne peux pas visualiser la personne qui me l'a écrit, je ne peux pas imaginer sa voix, son intonation, son sourire, sa sympathie.

Alors qu'un compliment entendu dans la vraie vie, c'est puissant, vibrant, un commentaire qui prend vie devant moi et dont je perçois la sincérité. À chaque fois qu'on m'interpelle dans la rue, c'est une reconnaissance, une récompense, une preuve tangible que je plais véritablement à ma communauté.

Je considère que je dois tout à mes abonnés ; sans eux, je ne serais qu'un nom lambda sur un compte vide. Qui parviendrait à maintenir son enthousiasme pour créer du contenu sans la moindre reconnaissance ? Pas moi.

Ça me rappelle une anecdote. Je patiente à un arrêt de bus et j'aperçois à quelques mètres de moi deux jeunes qui me jettent plusieurs regards en souriant et en chuchotant entre eux. Je décide spontanément de les saluer mais, avant même que je puisse leur demander s'ils veulent un selfie, ils me signalent que mon sac à dos est ouvert et que mes affaires en tombent. Ils ignorent totalement qui je suis.

J'ai trouvé ça très drôle d'avoir pensé, l'espace d'un instant, qu'ils m'avaient reconnu. J'ai alors pris la résolution de ne plus jamais faire le premier pas avec des gens qui me regardent. Je suis ouvert aux autres mais je ne veux pas m'imposer, cela pourrait être gênant. Puis, de toute façon, « reconnaître » ne signifie pas nécessairement « apprécier ».

Une autre fois, une femme était venue m'aborder dans la rue un soir pour me demander un selfie, que j'avais évidemment accepté avec plaisir. Elle avait tendu son téléphone à un pote à elle qui insistait sur le fait qu'il ne me connaissait pas. Il lui a dit :

— Mais c'est qui exactement ?

Ce à quoi elle a répondu que j'étais humoriste. Je le revois me balancer de manière hautaine :

— Ah ouais t'es humoriste ? Bah vas-y, fais-moi rire !

— Si elle t'avait dit que j'étais coiffeur, tu m'aurais demandé un petit dégradé en pleine rue ?

— Pas mal ! Ah ah. Vas-y, une autre.

— Allez bonne soirée.

— Quoi ? Je la comprends pas celle-là...

Derrière les vidéos, deux envies commençaient à naître : le cinéma et la scène. La version sans filtre de moi-même a eu l'audace, fin 2016, de passer un coup de fil à un producteur cinématographique. Une part de moi souhaitait devenir acteur – c'est toujours le cas d'ailleurs – et j'avais même une idée bien précise du type de film qui m'attirait : les biopics. J'étais par exemple fan de la dynamique et de l'excentricité du film *Le Loup de Wall Street*.

J'avais commencé à faire des recherches de mon côté pour trouver des célébrités dont l'histoire n'avait pas encore été transformée en film. J'en avais sélectionné notamment deux : l'aventurier Mike Horn et l'escroc Christophe Rocancourt. J'avais dévoré leurs livres respectifs, j'y voyais un potentiel. J'ai contacté par e-mail les filles de Mike Horn pour leur parler de mon projet, j'avais en effet lu que c'étaient elles qui géraient son image, mais je n'ai jamais reçu de réponse.

Concernant Christophe Rocancourt, je venais de découvrir que les droits de son autobiographie venaient de se faire acheter par un producteur français quelques mois auparavant. En tapant le nom de ce producteur sur Internet, j'ai découvert qu'il avait notamment produit le biopic de Jacques Mesrine, que j'avais adoré, et dont le rôle-titre était interprété par Vincent Cassel.

Après quelques recherches, j'ai trouvé un site web gratuit avec les numéros de téléphone de tous les producteurs et agents du monde du cinéma, accessibles à n'importe qui. Avec juste une quinzaine de vidéos à mon actif, je n'avais aucune légitimité pour appeler ce producteur et lui parler de Christophe Rocancourt. Si j'avais pris le temps de réfléchir à ma légitimité, je n'aurais jamais osé composer son numéro de téléphone.

Je n'ai donc pas réfléchi et je l'ai appelé. Je me suis présenté en lui disant que je voulais postuler pour avoir le premier rôle de ce film et qu'il n'avait rien à perdre en me laissant une chance ; quitte à avoir de l'audace, autant l'avoir à fond.

Sa première réaction a évidemment été de me demander comment j'avais obtenu ses coordonnées. Puis, au fur et à mesure de notre conversation, il est passé d'un « non » catégorique à « envoyez-moi un e-mail pour que j'étudie votre proposition ». Je lui ai donné mon avis sur la manière dont le scénario devrait être écrit et il m'a avoué qu'on partageait le même point de vue.

Enfin, il m'a expliqué qu'il avait acheté les droits des deux livres de Christophe Rocancourt mais que, pour le moment, aucun projet concret n'était en cours ; c'est d'ailleurs toujours le cas sept ans plus tard. À l'heure actuelle, je sais que je n'oserais plus appeler un producteur avec un tel culot. Dans le monde du cinéma, je suis nobody. La version sans filtre de moi-même n'avait absolument pas peur du ridicule. À tel point que j'ai appelé l'agent de Jean Dujardin pour lui demander qu'il me le passe. Au fil de notre échange, il est passé d'un « non » catégorique à un « ouais mais non » catégorique.

J'ai de nouveau affronté le ridicule, presque un an plus tard, en montant sur scène pour la première fois. Ça représentait pour moi un nouveau défi, une manière différente d'exploiter mon humour. J'y voyais une suite logique pour pouvoir un jour devenir officiellement humoriste. Je me suis inscrit au Clou's Up, une scène ouverte à Nancy où huit humoristes présentent leurs sketchs, d'une durée de 8 minutes maximum. Je n'avais que quelques semaines pour préparer le mien et, pour m'inspirer, j'avais relu entièrement mon compte Twitter pour y dénicher des vannes ou des idées à étoffer. Je me revois m'entraîner pendant des heures dans mon salon en me filmant pour solliciter les retours de mon frère et de Xavier. J'avais beaucoup de vannes sur la séduction ou sur la paternité ; deux sujets qui, j'ignore pourquoi, m'ont toujours inspiré. Mais il n'y avait pas énormément de liens entre chaque blague, je n'avais pas écrit mes tweets autour d'une histoire concrète.

Je me souviens patienter dans les loges, une heure avant de monter sur scène, et ressentir beaucoup de stress. Plus j'essaye de le contenir et plus il s'amplifie. J'espionne derrière le rideau le comédien qui me précède, les 200 personnes dans la salle rigolent à certaines de ses vannes mais pas à toutes, je vis chaque silence avec lui. Et si, moi, j'oubliais mon texte sur scène ? Et si je faisais plus de bides que lui ? Je sors mon téléphone pour une dernière lecture. Je respire fort, mon cœur s'emballe, je commence à avoir la bouche pâteuse. Plus je lis mon sketch, plus je le trouve nul. Qu'est-ce que je fous là ? Puis j'entends la voix du présentateur annoncer « un tonnerre d'applaudissements pour Florent Speroni, plus connu sous le nom du Parfait Inconnu ».

Je n'ai plus le choix, j'y vais.

J'avance sur scène, ébloui par les projecteurs. Je devine le public grâce à ses applaudissements mais je ne le vois pas. Ma première vanne provoque des rires, ça me rassure instantanément. Je deviens alors une pile électrique en débitant mes répliques plus rapidement que pendant mes répétitions. À chaque chute, je passe directement à la vanne suivante car les silences me mettent mal à l'aise. Pourtant, c'est une technique efficace de laisser du temps aux gens de comprendre les vannes et surtout de les savourer. Moi, je veux que ça se termine rapidement. Je me déplace frénétiquement de gauche à droite pour extérioriser mon trac. La libération arrive quand je sors ma dernière phrase et que je remercie le public. Je retourne dans les loges en étant à la fois soulagé et fier d'avoir osé monter sur scène.

Je n'ai pas remporté ce tournoi et j'étais d'accord avec le choix du public : je ne le méritais pas. Certains proches sont venus me féliciter pour ma prestation mais je n'étais pas de leur avis. J'avais filmé mon passage et regardé plusieurs fois la vidéo pour détecter tous mes défauts, comme un coach sportif après une défaite.

Au cours de l'année suivante, je suis monté plusieurs fois sur scène à Nancy et aux alentours. Je testais à chaque fois des nouvelles vannes mais je ne voyais pas spécialement d'améliorations dans ma manière de jouer.

Une soirée en particulier a renforcé mon désamour pour la scène. Initialement, je m'étais rendu au stand-up de quelques amis comédiens pour les soutenir. Le responsable de la salle nous annonce qu'un humoriste ne pourra pas être présent, on me propose alors de le remplacer à la dernière minute. Mon stress me conseille de refuser, mais mon audace relève le défi.

Je fouille rapidement mon téléphone à la recherche de vannes à essayer ce soir. Je jette un coup d'œil vers la salle, je constate que la moyenne d'âge est assez élevée (une façon délicate de dire qu'il n'y a que des vieux). Avant mon tour, un pote vient me voir pour m'annoncer qu'il a négocié avec le responsable et que je toucherai le cachet de l'humoriste que je remplace. L'argent n'est pas ma source de motivation mais je ne crache pas dessus. Je monte sur une scène moins éclairée que d'habitude et je découvre 200 regards braqués sur moi. Je tente de taquiner le premier rang pour évaluer ma repartie, personne ne réagit vraiment.

Je lance alors timidement mes vannes habituelles mais un silence s'installe progressivement. À chaque blague terminée, le public semble toujours attendre une chute. Je me mets alors à débiter mon texte de plus en plus vite, l'atmosphère devient pesante. Les toux des spectateurs deviennent plus audibles que leurs rires. Je vais tout de même jusqu'au bout, refusant d'abandonner. Je quitte la scène sous quelques applaudissements de courtoisie.

Je croise mon pote dans les loges qui tente de me faire comprendre que ma prestation n'était pas dingue. Je lui coupe la parole :

— Ouais t'inquiète, je sais que c'était merdique.

Il acquiesce et ajoute :

— Du coup, on est d'accord qu'on peut pas demander ton cachet au responsable après ça ?

J'éclate de rire. Le tact et lui, ça fait deux. Il n'avait pas besoin de me le dire, je ne comptais pas le réclamer.

Après ça, j'ai pris la décision d'abandonner la scène. J'ai le sentiment que ce n'est pas fait pour moi, mais peut-être qu'un jour, je changerai d'avis. Qui sait ? À mes yeux, les vidéos et le stand-up sont deux mondes différents. Sur scène, c'est en direct, on n'a pas le droit à l'erreur alors qu'en tournage, je peux rejouer mes répliques autant de fois que je le veux. Pour une vidéo, la pression n'est pas la même, si une blague est nulle, je ne vis pas réellement son bide. Toutefois, ce que la scène offre, et que je ne retrouverai jamais devant une caméra, c'est la résonance des rires du public. Si un jour, je change d'avis, ce sera sans doute pour cette raison, pour ressentir l'émotion des spectateurs.

J'ai en tout cas conscience que ça demande un travail titanesque, préparer un one man show ne s'improvise pas du jour au lendemain. Il faut tester chaque vanne des centaines de fois avant d'être sûr qu'elle est bonne et ce n'est pas uniquement à Nancy que j'aurais l'occasion de m'entraîner de cette manière.

Le plaisir que je prenais pendant mes tournages a continué d'évoluer avec le temps. Une de mes vidéos m'a particulièrement marqué, me persuadant que rien n'était impossible concernant la recherche de décors. J'avais un scénario dans lequel je raconte, à ma grand-mère, la manière dont ma soirée de la veille est devenue de plus en plus catastrophique. J'imaginais cette vidéo, « Lendemain de cuite », s'ouvrir sur une scène où je sors d'une voiture accidentée, propageant de la fumée et percutée contre un arbre. J'avais alors mis une annonce sur les réseaux sociaux pour trouver une épave. La personne qui m'a répondu m'a laissé sans voix quand je suis allé lui rendre visite.

L'homme m'a présenté un véhicule qui pouvait toujours rouler et qui semblait visuellement en bon état. Je lui explique :

— Je crois qu'on s'est mal compris. Moi, j'ai besoin d'une voiture cassée pour faire croire que je viens d'avoir un accident. La tienne a l'air nickel.

— Non, je n'ai plus le droit de rouler avec. Elle ne passe plus le contrôle technique et ça me coûterait beaucoup trop cher de la réparer.

— Ah, donc elle roule toujours ?

— Ouais. C'est juste qu'on a du mal à tourner le volant.

J'imagine tout de suite une scène bien plus audacieuse : et si je percutais réellement un arbre dans cette vidéo ? Je poursuis :

— Si tu me la prêtes, j'aurai le droit de faire quoi avec ?

— Ah mais moi je veux l'emmener à la casse donc… t'en fais ce que t'en veux !

Quelques jours plus tard, j'étais donc au volant de cette Peugeot 206, dans un jardin privé, en train de foncer vers un arbre. J'avais insisté pour que Pascalou, mon caméraman, filme cette séquence sans coupure pour montrer que j'étais, comme Tom Cruise, mon propre cascadeur.

Je voulais que la voiture s'encastre dans l'arbre et qu'on me voie en sortir nonchalamment, comme si de rien était. Par précaution, on avait désactivé les airbags pour éviter qu'ils m'empêchent de sortir rapidement. Je n'avais qu'une seule prise possible, du moins c'était ce que je pensais avant de faire ma première tentative.

Je roulais à environ 30 ou 40 kilomètres-heure mais j'ai décidé de freiner au dernier moment. La voiture a alors légèrement rebondi contre l'arbre et le capot n'a presque rien eu. En regardant les images, je trouvais que l'accident n'était pas assez dynamique.

On a donc mis des coups de marteau sur le capot pour tenter de le remettre droit puis on a répété cette scène.

Ce coup-ci, je n'ai pas freiné et l'impact était plus impressionnant : le pare-chocs s'est encastré dans l'arbre et les essuie-glaces se sont déclenchés tout seuls. En visionnant les images, cette scène me plaisait vraiment. Elle était bien plus trash que ce que j'imaginais, assis sur mon canapé, quand j'avais écrit mon scénario.

À la sortie de cette vidéo, beaucoup de spectateurs étaient stupéfaits par cette scène et me demandaient en commentaires comment j'avais réussi à la réaliser. Nombreux pensaient que cette vidéo m'avait coûté une fortune. C'est à partir de ce tournage que je me suis dit que je n'aurais jamais d'excuse pour dégoter des lieux ou des objets, aussi complexes ou onéreux soient-ils, pour mes futures vidéos.

Durant cette période, ma détermination sans faille a marqué le début d'une certaine ascension. Elle ne reflétait toutefois pas la réalité que j'étais en train d'affronter. En effet, pendant les premiers mois de l'année 2017, je publiais environ une vidéo par mois qui faisait mouche presque à chaque fois. D'un point de vue extérieur, ça ressemblait à un *come-back* de *winner*, surtout après la pause imposée par mes deux opérations. En réalité, je vivais l'épisode le plus sombre de ma vie. Une période traumatisante qui a laissé des séquelles indélébiles. Pendant quatre mois, j'ai subi tous les jours des crises d'épilepsie. J'entendais régulièrement des voix et des hallucinations visuelles me hantaient. Je n'arrivais ni à dormir la nuit ni à rester éveillé le jour. J'étais devenu un zombie.

Pour contrer cela, les doses de mes médicaments ont été doublées. J'allais aussi voir une psychiatre plusieurs fois par semaine pour lui détailler ma souffrance physique et chialer comme une merde devant elle. Elle m'écoutait mais ne m'apportait aucune réponse, aucune explication à ma détresse mentale. La seule fois où elle m'a vraiment coupé la parole, ça a été pour m'annoncer que je présentais des envies suicidaires.

À ce moment-là, j'avais évoqué mon désir de faire des allers-retours à pied de Nancy à Marseille, en dormant en pleine nature à chaque étape. La marche solitaire en forêt réduisait mes crises et mon angoisse. À l'énoncé du mot « suicide », une part de moi a pris conscience que j'allais sans doute trop loin, que j'étais déconnecté de la réalité et que j'avais besoin d'aide. Une autre partie de moi, plus sombre, a envisagé que la solution la plus rapide serait un suicide conventionnel, une balle en pleine tête.

Mais je n'ai jamais laissé cette envie gagner suffisamment de terrain pour devenir concrète. Sophie étant souvent en déplacement, j'ai pris la décision de retourner dormir chez mes parents et de me rapprocher de mon petit frère. Leur soutien inébranlable, dissimulant leurs propres inquiétudes, a renforcé mon courage. J'ai eu une chance inestimable d'avoir pu affronter cette période à leurs côtés.

Ça n'a pas toujours été simple pour eux, d'autant qu'à cette période-là, j'étais complètement renfermé sur moi-même. Mon cerveau buguait constamment, je ne reconnaissais plus leurs voix. Je préférais m'éloigner d'eux, rester seul, pour ne pas les entendre.

Et puis, lors d'une visite surprise chez ma copine, j'ai découvert les affaires d'un autre homme partout dans l'appartement, même dans notre chambre. Elle m'a annoncé, en larmes, qu'elle le voyait depuis des semaines et qu'elle était sincèrement désolée de me quitter pour lui au pire moment.

Sans chercher à la reconquérir, je l'ai serrée dans mes bras, lui souhaitant tout le bonheur du monde avec son nouveau copain. Depuis la découverte de ma maladie, je lui répétais souvent qu'elle méritait mieux qu'un homme affaibli comme moi. Au fond, j'espérais un jour la faire fuir, je ne voulais pas affronter ma maladie à ses côtés car je voyais que ça la rongeait, ça la détruisait.

Je voulais mourir seul mais j'étais incapable de la quitter, je l'aimais trop pour ça. J'ai alors prononcé des paroles difficiles à entendre et à digérer. Elle aspirait, par exemple, à avoir des enfants. Je lui ai sèchement annoncé que je ne lui en ferais jamais, ne voulant pas imposer à un enfant de voir son père disparaître pendant son enfance. Que peut-on répondre à ça ?

C'était donc à la fois l'ascension du Parfait Inconnu et la chute brutale de Florent Speroni. Heureusement que l'un ne va jamais sans l'autre, car ce sont mes vidéos qui m'ont permis de garder le sourire. Pendant quatre mois de démence, d'avril à juillet 2017, ma passion m'a offert une échappatoire, un objectif clair.

Je pouvais passer des heures à faire du montage, oubliant presque la tornade qui faisait rage autour de moi. J'ai retrouvé une photo de cette période dans mon téléphone. J'avais passé quelques jours à l'hôpital pour faire un électroencéphalogramme dans l'espoir de trouver un moyen de stopper mes crises d'épilepsie.

Sur cette photo, je souris, allongé sur mon lit d'hôpital, avec des câbles attachés sur la tête, mon ordinateur sur les jambes et mon logiciel de montage ouvert. Une image qui résume parfaitement ce combat.

Grâce à mon nouveau traitement, mes crises se sont espacées. J'ai continué à enchaîner mes vidéos et c'est ma vingt-septième, publiée en avril 2018, qui a obtenu mon plus gros succès sur Facebook jusqu'à présent. Le patron d'un supermarché Cora m'avait contacté pour me féliciter de mon parcours de vidéaste, j'en ai alors profité pour lui demander s'il était partant pour me prêter ses locaux. Je sautais sur toutes les occasions qui s'offraient à moi.

Il avait accepté que je vienne en tourner deux, dont une qui s'intitule « Mon fils a disparu » et qui dure moins de deux minutes. Elle était simple, courte, dynamique et elle a cartonné. Je me souviens, après l'avoir postée, voir les chiffres gonfler. Elle dépasse les 4 millions de vues sur mon compte et quatre autres grosses pages la partagent, lui faisant dépasser les 30 millions de vues. Elle accumule plus d'un demi-million de likes et plus de 50 000 commentaires. Ces résultats me dépassent, je n'arrive pas à en prendre la mesure, ces chiffres n'ont presque aucun sens pour moi. Il y a tellement de commentaires que je n'ai jamais réussi à tous les lire, ça faisait trop ramer mon ordinateur d'essayer d'en afficher plusieurs milliers.

C'est à peu près à la même époque que Pierre Croce m'a contacté, un youtubeur qui avoisine aujourd'hui les 4 millions d'abonnés. J'avais plus de 300 000 abonnés sur Facebook mais seulement 15 000 sur YouTube, j'étais donc étonné qu'il m'ait repéré. Il m'a suggéré qu'on se rencontre, j'ai évidemment sauté sur cette occasion en lui faisant rapidement part de mes disponibilités. On s'était retrouvés dans un restaurant à Paris. Je le revois me dire :

— Attends, t'as fait un aller-retour de Nancy à Paris juste pour qu'on mange ensemble ?

— Bah ouais. J'aime bien ce que tu fais, j'allais pas laisser passer cette chance de te rencontrer.

— Ah ouais, t'es déterminé mec !

Puis, pendant le déjeuner, il m'a donné plusieurs conseils. Il m'a par exemple demandé :

— Pourquoi tu ne postes que des vidéos courtes ?

— Je pense que c'est justement parce qu'elles sont courtes qu'elles cartonnent sur Facebook. Elles apparaissent dans le fil d'actualité de gens qui ne me connaissent pas, donc j'essaye de capter leur attention dès les premières secondes. Si je postais des vidéos de 10 minutes, personne ne les regarderait. On est une génération de zappeurs.

— Ouais, probablement… En tout cas si jamais tu veux décoller sur YouTube, il faudrait que tu fasses l'inverse, des vidéos plus longues. Seulement une minute, on reste sur notre faim, c'est frustrant.

Je suis d'accord avec lui, ça peut être frustrant de regarder une vidéo YouTube qui est parfois plus courte que la publicité qu'on est obligé de visionner pour y avoir accès. J'en profite pour lui proposer :

— Tu serais partant pour qu'on fasse une vidéo ensemble si j'écris un scénario plus long que d'habitude ?

— Ouais, pourquoi pas.

C'est ce qui s'est passé dans les semaines qui ont suivi. J'ai changé ma manière d'écrire en imaginant plusieurs mini-sketchs dans la même vidéo. Et je suis retourné le plus vite possible à Paris pour filmer les scènes de Pierre avant même d'avoir totalement finalisé mon scénario. Je ne voulais pas laisser passer cette chance, j'avais peur qu'il change d'avis.

Je crois que c'est lui qui m'a donné envie de réaliser des vidéos construites différemment : des courts-métrages avec un contexte, plusieurs rebondissements et une fin surprenante.

La publication de trois courtes vidéos a précédé la rédaction d'un nouveau court-métrage, centré autour d'une personne bien particulière : Anthony Kavanagh. Je savais qu'il m'avait remarqué avant même que je me lance dans les vidéos, il me suivait déjà sur Twitter. Il faisait partie des célébrités à qui j'avais écrit des messages à rallonge pendant mon séjour à l'hôpital et, heureusement pour moi, il n'avait pas lu tout de suite celui que je lui avais adressé.

Je lui avais de nouveau écrit, courant 2017, pour le remercier d'avoir partagé une de mes vidéos. Ses mots d'encouragement, prédisant un futur prometteur, avaient été pour moi un véritable honneur. Ce partage concernait la vidéo intitulée « Bescherelle dans ta gueule ! », qui avait connu un certain succès.

C'était néanmoins la première fois que j'étais réellement confronté à la violence d'Internet. J'avais reçu des dizaines d'insultes et de menaces pour obtenir que je la supprime ; chose que je n'ai jamais faite.

J'avais rapidement compris qu'il était impossible de plaire à tout le monde, et j'ai toujours répondu avec un humour détaché. Ma réponse à la haine se fait généralement avec une touche d'ironie, sinon, je préfère l'ignorer.

J'avais alors proposé à Anthony Kavanagh de collaborer sur une vidéo en lui soumettant plusieurs scénarios. Cette proposition s'est concrétisée en février 2018, lorsque je l'ai relancé en constatant qu'il était en tournée pour son spectacle près de ma région. J'avais loué un Airbnb à Mulhouse pour tourner trois scènes avec lui. Accompagné d'un ami, je suis allé le chercher à son hôtel.

Dans le hall, je le vois arriver et me prendre dans ses bras avec une immense sympathie. Ce souvenir me donne encore des frissons. On monte dans la voiture, Anthony Kavanagh jette un coup d'œil à sa montre et m'annonce qu'on a seulement une heure devant nous. Je fais un rapide calcul dans ma tête, mon Airbnb se trouvant à vingt minutes de son hôtel, ça signifie qu'on n'aura que vingt minutes pour tourner nos trois scènes. Un timing serré.

Je sors alors de la voiture et me mets à l'arrière à côté de lui, pour lui relire le scénario et gagner du temps sur ses répliques. C'était marrant de voir mon pote tout seul à l'avant et nous deux à l'arrière, ça donnait l'impression d'être dans un taxi. Et on a effectivement réussi à tourner toutes ces scènes dans les temps. Anthony Kavanagh a ajouté beaucoup d'improvisation, et c'était un pur plaisir de le voir s'approprier ce rôle et lui donner vie.

Le soir même, je suis allé voir son one man show mais je n'ai pas osé aller le rejoindre dans sa loge à la fin. Quelques heures plus tard, il m'a envoyé un message pour me dire que ça lui aurait fait plaisir que je vienne le saluer. Après m'avoir rendu cet immense service, je ne voulais pas paraître envahissant en m'immisçant dans sa vie. Qui aurait fait ça à ma place, à part quelqu'un qui aurait cru avoir déjà rencontré le succès ?

8

À la poursuite du succès

Les trois questions qu'on me pose le plus souvent quand je publie une vidéo sont « C'est quand la prochaine ? », « Tu gagnes combien par mois ? » et « Est-ce que ce sont tes vrais enfants ? ». La première question me met souvent la pression, car elle crée une attente immédiate pour une nouvelle vidéo.

Je ressens constamment l'obligation de travailler sur la suivante pour satisfaire ma communauté, ce qui me laisse rarement le temps de savourer l'instant présent. Bien sûr, j'adorerais pouvoir publier des vidéos plus fréquemment. Mon objectif ultime serait un court-métrage par semaine. Cependant, cela me semble physiquement impossible, surtout si je veux être à la fois l'auteur et le réalisateur de chaque vidéo.

Je ne parviens pas à être régulier, je poste mes vidéos quand elles sont finies et qu'elles me plaisent.

Selon le scénario, je peux passer de deux jours de tournage à dix jours, ce qui entraîne un montage cinq fois plus long. Ça explique en partie mon irrégularité : je peux parfois sortir une vidéo par mois pendant un certain temps et après, ne rien poster durant trois mois. Beaucoup de youtubeurs réussissent à offrir une vidéo par semaine, leurs followers s'habituent donc à une fréquence régulière.

En ce qui me concerne, je poste si peu qu'on me demande souvent pourquoi j'ai arrêté. Un jour, deux jeunes sont venus me parler et leurs propos m'ont marqué. L'un des deux m'a demandé pourquoi j'avais décidé d'arrêter d'être youtubeur. Heureusement que son pote lui a coupé la parole pour le corriger en disant que je continuais à créer des vidéos. Sauf qu'il lui a précisé que ma dernière vidéo avait été publiée il y a… deux ans. Aïe ! En réalité, je venais d'en poster une quelques jours avant, j'en ai déduit qu'il ne l'avait pas regardée.

J'ai également appris une nouvelle expression en la voyant souvent dans mes commentaires : « il date lui ». Au départ, je pensais que ça voulait simplement dire que je commençais à vieillir. J'ai finalement compris que, sur les réseaux sociaux, « dater » signifie que ça fait longtemps qu'on n'a pas eu de nouvelle de quelqu'un. De nos jours, les créateurs publient tellement de contenus qu'on peut penser que si l'un d'entre eux n'a rien publié depuis un mois, c'est qu'il a tout abandonné.

Concernant la question de la rémunération, depuis mes débuts, j'ai constamment réinvesti mes gains dans l'achat de matériel, le paiement des frais de tournage et des comédiens. Par la suite, j'ai même commencé à m'entourer de personnes qualifiées pour améliorer la qualité de mes courts-métrages.

Pour répondre sincèrement, je dirais donc que je gagne zéro euro par mois. Pour rendre ça rentable, il faudrait que j'augmente la fréquence de mes publications ou que je me lance dans mes premiers placements de produit.

Je n'ai jamais accepté d'en faire, ne voulant pas donner l'image d'un influenceur qui cherche à gonfler son compte en banque. Mon avis a changé lorsque j'ai compris que ce serait indispensable pour pouvoir financer toute une équipe. L'argent n'a jamais été mon objectif et ça tombe bien car, à l'heure actuelle je ne suis toujours pas capable de vivre de mes vidéos. J'ai toujours un job à côté, ce qui explique sans doute pourquoi je ne me considère pas moi-même comme un véritable youtubeur.

Enfin, il me paraît logique de voir constamment en commentaires « Est-ce que ce sont tes vrais enfants ? » pour une raison simple : je n'y réponds jamais. Je n'ai rien à cacher mais j'ai toujours trouvé amusant de laisser planer le doute, d'observer ce mystère prendre de l'ampleur.

Pour une raison que j'ignore, la paternité a toujours été un sujet qui m'a beaucoup inspiré dès mes premiers tweets. Pourtant, je n'ai jamais eu le moindre enfant, du moins personne ne m'a prévenu si c'est le cas. J'ai toujours trouvé drôle de faire dire à des jeunes, ou à des vieux, des punchlines qu'on n'imagine pas sortir de leur bouche.

La première vidéo, dans laquelle j'interprète un père trouve son inspiration dans l'un de mes tweets devenu populaire :

« Rentre à la maison chérie, c'est idiot.

— NON !

— Mais tu manques aux enfants ! Tu ne les vois pas grandir…

— NON JE FINIRAI CE CRÉNEAU ! »

Pour transformer ce tweet en scénario, j'ai imaginé une ambiance triste en introduction, avec un enfant qui m'annonce que sa mère lui manque à son propre anniversaire. Dans ma manière d'écrire et de filmer, je voulais laisser planer le doute autour d'un éventuel décès pour que la chute du créneau paraisse encore plus inattendue et ridicule.

J'ai alors proposé au plus jeune de mes cousins, Yanis, qui avait à peine 11 ans, d'interpréter ce rôle.

C'était le plus turbulent parmi mes onze cousins et cousines. À tous les repas de famille, il passait son temps à me tirer dessus avec ses pistolets à fléchettes. Un gamin débordant d'énergie, impossible à calmer plus de cinq minutes. Il était du genre à aller nous cafter à son père dès que l'un d'entre nous sortait un mot vulgaire. Je me souviens avoir hurlé « arrête de tergiverser » devant la console et m'être retourné, faussement gêné, vers lui pour le supplier de ne surtout pas répéter ce mot, qu'il ne connaissait pas, à son père. Comme prévu, il a couru comme un dératé pour aller répéter en boucle à mon oncle :

— Florent vient de dire « tergiverser », Florent vient de dire « tergiverser » !

— Euh… oui. Et ?

Je venais de le battre à son propre jeu, avec le bénéfice de lui avoir enseigné un nouveau mot.

Je pensais donc que ce premier tournage avec lui serait compliqué et c'est l'inverse qui s'est produit. Il est resté calme pendant plusieurs heures. J'avais l'impression d'avoir quelqu'un d'autre en face de moi, un enfant sage et à l'écoute de mes directives pour bien interpréter son personnage.

Cette première vidéo avec lui a bien marché sur les réseaux sociaux et, lorsque j'ai évoqué l'idée d'en faire une deuxième, il a sauté de joie. J'ai donc continué à écrire des histoires autour d'un père timbré et maladroit, sans but précis, juste parce que c'était un sujet qui m'inspirait beaucoup. Le genre de père capable de faire creuser une piscine à son fils en lui faisant croire qu'il reste des œufs de Pâques à trouver dans le jardin.

J'allais de plus en plus loin dans mes scénarios en le rendant sourd, en lui faisant dire « fais pas ta pute » ou encore « c'est quoi le 69 » et même en le transformant en zombie. C'est dans ma huitième vidéo avec lui que sa vraie maman m'a fait comprendre que je franchissais la limite.

En effet, dans ce script, je devais finir avec mon fils dans un club de striptease, elle a alors refusé en me rappelant que toute sa famille allait voir cette vidéo. Je comprenais son point de vue, je n'ai pas insisté et j'ai donc recruté un autre garçon. C'est d'ailleurs la seule fois où ce n'est pas Yanis qui a interprété ce personnage que j'avais appelé Arthur. J'ai choisi de lui attribuer un autre prénom car j'avais peur de la violence d'Internet. Je savais qu'il aurait accès aux commentaires et que je ne pourrais pas toujours gérer l'agressivité de certains d'entre eux. Je lui ai expliqué à plusieurs reprises que s'il voyait des commentaires haineux, ce serait pour se moquer de son personnage mais pas directement de lui.

J'ai testé plusieurs fois sur scène une vanne qui était sortie de mon imagination :

« Mon fils m'a demandé ce que voulait dire “se palucher” parce qu'il l'a entendu à l'école. Ah bah j'étais grave gêné ! Donc pour m'en sortir j'ai essayé d'inventer un mot : "lucher". Je lui ai dit que "lucher" voulait dire "dormir avec maman" et que "pas lucher" voulait dire "dormir tout seul". Vous savez ce qu'il m'a répondu ? Ah OK, je croyais que ça voulait dire "se branler", moi. »

À ma grande surprise, cette vanne fonctionnait souvent sur scène, les gens riaient et j'avais même parfois droit à des applaudissements. J'ai donc décidé de la transformer en vidéo.

Je pense que, sans la validation du public, je n'aurais pas osé franchir le cap. Je ne voulais pas confier ce rôle à Yanis car il avait presque 14 ans, je trouvais ça moins pertinent que ça sorte de la bouche d'un ado qui est censé savoir ce que ça signifie. J'ai alors donné un deuxième enfant à mon personnage. Il avait déjà un garçon, alors pourquoi pas une fille ? Pour cette vidéo, j'ai donc mis une annonce sur Facebook afin de trouver une fillette de moins de 10 ans, en précisant qu'elle allait prononcer les mots « palucher » et « branler ». J'ai reçu trois réponses.

Une maman que je connaissais m'a répondu qu'elle était partante mais pas pour ce sketch-là, que je pourrais compter sur elle à l'avenir pour un autre moins indécent. Les seconds parents croyaient que j'étais ironique dans ma publication et que mon scénario ne serait pas aussi trash ; ils ont donc refusé quand j'ai maintenu que ce seraient ses vraies répliques.

Les troisièmes parents, que je ne connaissais pas, m'ont fait bonne impression. Ils m'ont avoué qu'ils étaient fans de mon humour, qu'ils avaient conscience que cette histoire était culottée mais qu'ils me faisaient confiance. Ils m'ont alors présenté leur fille, leur petit bout de chou, Cécilia qui avait 7 ans.

On s'était rencontrés place Stanislas à Nancy.

Je la revois, toute timide, se cacher derrière la robe de sa maman. Elle ne voulait pas se montrer et ne s'aventurait pas à me parler. Puis, au fil de la conversation avec ses parents, elle a trouvé le courage de m'adresser ses premiers mots. J'ai même réussi à la faire rire en essayant de l'arroser. En repartant, elle a décrété que j'étais devenu son meilleur ami.

J'ai donc organisé ce tournage quelques jours plus tard et Cécilia a débarqué en connaissant son texte par cœur. On marchait dans la rue, main dans la main, pour balancer nos répliques. À la base, je pensais qu'on serait obligés de découper cette vidéo en plusieurs plans mais, en voyant son aisance, j'ai tenté de jouer toute la scène sans coupure, en une seule fois, comme si c'était une pièce de théâtre. Et ça a fonctionné, on a fait une douzaine d'essais et le dernier était parfait, on a réussi à faire ce qu'on appelle communément un plan-séquence.

La spontanéité de son jeu m'a tellement bluffé que je l'ai surnommée « ma pépite ». Pendant le tournage, elle me montre ses dents en m'annonçant fièrement qu'elle vient d'en perdre une. Je lui réponds naïvement que la Petite Souris passera sans doute et elle se moque de moi en m'affirmant qu'elle n'existe pas.

Ses paroles ne sont pas tombées dans l'oreille d'un sourd, en rentrant chez moi je me suis empressé de noter « Petite Souris » dans un carnet. Cette idée a germé progressivement et, trois mois plus tard, je me suis rendu chez elle pour tourner une vidéo à ce sujet, dans laquelle elle me surprend en train de glisser une pièce sous son oreiller.

J'ai été de nouveau surpris par son jeu d'actrice.

Au fur et à mesure des tournages, on a mis au point une technique efficace : je lui montre l'intonation que j'attends d'elle en jouant sa réplique et elle la répète de la même manière que moi, telle une imitatrice. Elle a toujours l'air à la fois innocente et naturelle, elle arriverait presque à me faire oublier que c'est moi qui écris ses textes.

La vidéo sur la paluche a connu un grand succès avec plus de 12 millions de vues sur Facebook. Cependant je ne m'attendais pas à un tel débat dans les commentaires. Certains ont trouvé cette vidéo géniale tandis que d'autres ont été choqués par la vulgarité du texte.

J'étais la cible d'insultes et de dénonciations, accusé de chercher le buzz à tout prix, n'hésitant pas à sacrifier le bien-être de mes enfants. La seule réponse que j'aie postée, pour essayer de détendre l'atmosphère en rappelant que c'était de l'humour, précisait que Cécilia avait 19 ans mais qu'elle faisait plus jeune que son âge. Je pensais que les gens comprendraient l'ironie de mon message mais beaucoup l'ont pris au premier degré. Cet âge fictif était d'ailleurs devenu une réponse récurrente aux commentaires rageux. Je n'ai contredit personne, je préférais faire profil bas. Je n'ai même pas osé tout lire, c'était le meilleur moyen pour moi de conserver une certaine distance.

Néanmoins j'avoue sans hésitation que je n'oserais pas refaire cette vidéo à l'heure actuelle. Le rire du public sur scène ne m'avait pas laissé envisager un succès aussi mitigé. Quand on a tourné cette vidéo, je ne connaissais pas encore Cécilia mais plus j'ai sympathisé avec elle et plus le personnage qu'elle interprétait s'est construit dans mon esprit. Je ne voulais pas qu'elle soit grossière, je la voulais maligne, désinvolte, parfois naïve mais surtout pas grossière. À l'instar de Yanis, je lui ai attribué un autre prénom : Julie. Pourquoi ce prénom précisément ? Aucune idée. Ce surnom m'est venu naturellement et s'est même ajusté avec le temps pour devenir Juju The Best.

Les rares fois où j'ai pris le temps de lire l'intégralité des commentaires, c'était dans le cadre de FAQ (« foire aux questions ») comme en font régulièrement les youtubeurs. Sauf que moi, je n'y répondais pas sérieusement. En effet, je sélectionnais uniquement ceux que je pouvais transformer en mini-sketchs. Vu l'aspect parodique de mes réponses, j'ai baptisé ce format FAC – « foire aux conneries ». Le premier épisode avait bien marché, j'en ai donc fait une trilogie.

C'est simple d'être ironique derrière un écran mais lorsque des inconnus se présentent en face de moi, c'est une autre histoire. Par exemple, quand ils me demandent si Arthur et Juju sont mes vrais enfants, je ne parviens pas à rester mystérieux et encore moins à leur mentir. Je me sens obligé de leur avouer la vérité, en précisant à chaque fois que j'aimerais que ce secret reste entre nous. Toutefois, le souvenir d'une discussion avec une maman dans un bar m'a surpris. Elle m'a posé cette fameuse question et elle ne croyait tellement pas à ma réponse qu'elle me l'a fait répéter plusieurs fois en pensant que c'était une blague. Je la revois, au milieu de la piste de danse, tenant une coupe de champagne, fondre en larmes devant moi. Elle m'a dit qu'elle était fan de cette famille que j'avais créée et que je venais de casser un mythe. Elle m'a donné l'impression d'avoir annoncé à une gamine de 7 ans que le Père Noël n'existait pas.

J'étais tout con. Ça m'avait donc conforté dans l'idée de laisser planer le doute sur les réseaux. Toutefois, je profite de la sortie de ce livre pour rompre ce silence. Je ne désire plus être uniquement vu comme un père maladroit, je veux incarner bien plus que ça.

Progressivement, j'ai trouvé le format de vidéo qui me plaisait le plus : des courts-métrages d'environ 10 minutes. Ce style continuait de faire grimper ma visibilité sur Facebook et m'a permis de décoller sur YouTube. Sur cette seconde plateforme, ma communauté est passée de 7 000 abonnés à la fin de l'année 2017 à 210 000 à la clôture de 2019. Cette routine fonctionnait jusqu'à l'arrivée du Covid, empêchant mes tournages habituels avec mon caméraman Pascalou et ce trio de comédiens que je venais de former. Face à cette situation, j'ai recommencé à faire des vidéos courtes, en me filmant avec mon téléphone, comme à mes débuts. À cette époque, mon frère et ma belle-sœur venaient d'acheter une maison et résidaient temporairement, comme moi, chez mes parents. On était cinq sous le même toit, créant un environnement propice pour créer du contenu. En seulement cinq semaines, j'ai réussi à publier huit vidéos.

Pendant le confinement, il y avait largement plus d'utilisateurs connectés que d'habitude. Je m'en suis vite rendu compte en accumulant plus de 50 millions de vues sur Facebook avec ces huits nouvelles vidéos. C'est grâce à cette visibilité accrue que ma page a finalement franchi le cap du million d'abonnés, un objectif que j'avais annoncé à mes débuts, dès ma deuxième vidéo, « Raclette ». Ce qui me fait sourire aujourd'hui, c'est que finalement, je n'ai même pas pris le temps de le fêter. Plus je me rapprochais de cette barre symbolique, moins ce rêve me semblait avoir de raison d'être considéré comme tel. À la base, si j'avais placé la barre si haut, c'était uniquement pour me motiver à continuer quoi qu'il arrive. Considérer que le défi était réussi m'aurait sans doute donné envie d'arrêter.

Même si je ne pouvais pas les voir physiquement, je souhaitais toujours faire des vidéos avec Yanis et Cécilia. J'ai donc trouvé un subterfuge et opté pour un concept qui faisait du confinement comme sujet central. Ces vidéos reconstituaient des discussions en visioconférence, mettant en scène ce père séparé géographiquement de ses enfants.

C'était techniquement pour moi un format de tournage beaucoup plus simple que d'habitude. On se filmait tous les trois séparément, depuis nos domiciles respectifs, avec nos téléphones. Plus besoin de dénicher des lieux spécifiques ou de créer des décors. J'appelais réellement Yanis et Cécilia en visioconférence pour leur présenter l'intonation attendue pour chacune de leurs répliques. C'est ainsi que j'ai produit huit vidéos explorant ce thème, que j'ai baptisé « Skype avec les enfants », abordant à chaque fois des sujets de conversation différents, Halloween ou Noël par exemple. Ces vidéos ont, elles aussi, connu un franc succès en cumulant plus de 30 millions de vues sur Facebook.

Pensant avoir fait le tour du sujet, j'ai ajusté ce concept en me focalisant exclusivement sur le personnage de Cécilia, donnant naissance à la trilogie des « Tutos de Juju ». Ce père découvre que sa fille a créé une chaîne

YouTube qui l'a rendue célèbre et il tente alors maladroitement de gérer son image. Ainsi, j'ai clôturé l'année 2020 avec plus de 400 000 abonnés sur YouTube, plaçant cette plateforme au cœur de mes nouveaux objectifs.

À côté de mes vidéos habituelles sont nées de nouvelles aspirations, notamment un essai dans la création musicale. L'idée était de tester ma créativité sur d'autres terrains. Écoutant de la musique toute la journée, j'étais curieux de découvrir cet univers. J'étais certes novice, mais c'était aussi le cas pour mes vidéos avant que je me lance. Je refusais que mon manque d'expérience m'empêche d'essayer. Ainsi, j'ai créé deux titres de pop urbaine.

Cette envie me titillait depuis des mois mais le véritable déclic a été la découverte d'un musicien sur la nouvelle application TikTok. Sur cette plateforme, allant des contenus des plus absurdes aux plus talentueux, je suis tombé sur le compte d'un créateur de musique surnommé Bovvary. Son compte proposait, entre autres, des vidéos dans lesquelles il décortiquait les succès du moment. Il démontrait par exemple qu'un titre sorti en 2020 utilisait le sample d'une chanson de 1990, elle-même inspirée d'un morceau de 1970. Sa capacité à reconnaître chaque instrument et à rejouer d'instinct la même mélodie me fascinait. Sans trop réfléchir, je l'ai contacté pour lui proposer qu'on crée des sons ensemble, avec Xavier.

On a passé des journées entières, tous les trois en visioconférence, à créer des beats de pop urbaine sur lesquels je posais ma voix. J'ai même passé trois jours chez Bovvary, dans son petit appartement à Paris, pour imaginer des samples ensemble. C'est ainsi que j'ai inventé un concept farfelu : créer un son en s'inspirant de l'univers d'un rappeur, sur lequel je chante en utilisant exclusivement les paroles d'un chanteur français. Bref, un mélange de deux mondes différents. Pour présenter ce concept à ma communauté, j'ai réalisé une vidéo que j'ai nommée « Zik Fusion », pensant que cela pourrait fonctionner et donner lieu à plusieurs épisodes. Le premier était la fusion entre le rappeur Jul et le chanteur Patrick Bruel.

J'ai filmé de A à Z la création de ce single, de l'écriture jusqu'à la réalisation du clip. La publication de cette vidéo s'est néanmoins heurtée à un énorme flop. Malgré cela, j'ai persisté en réalisant un deuxième single qui était la fusion entre le rappeur Heuss l'Enfoiré et le chanteur Françis Cabrel.

J'avais enregistré le premier dans ma chambre, mais pour le deuxième, j'ai franchi le pas en découvrant un vrai studio. Le premier épisode était un échec mais le deuxième a été… encore pire. Bovvary et moi, on avait déjà préparé deux autres épisodes : la fusion de Céline Dion avec Aya Nakamura ainsi que la fusion de Booba avec Daniel Balavoine. Mais suite aux deux échecs précédents, j'ai pris la décision de ne pas laisser ces nouveaux singles voir le jour sur YouTube. Non, je voulais voir bien plus grand que ça !

J'avais pris un immense plaisir à créer ces deux épisodes, et malgré mon manque d'expérience, ce nouveau passe-temps musical m'avait conquis. J'ai alors annoncé à Bovvary et Xavier que je voulais viser l'impossible : réaliser un album entier de pop urbaine. En y repensant aujourd'hui, ça me fait rire. Je venais de vivre un échec et ma première réaction était de me lancer dans un projet encore plus fou. Je me revois acheter un nouvel ordinateur, un micro et un logiciel de création musicale.

J'ai recruté trois jeunes rappeurs de Nancy pour qu'ils m'aident à trouver le bon rythme pour chanter les paroles que je devais composer avec Xavier. J'allais même à des cours de chant tous les lundis matin. J'ai commencé à parler de ce projet autour de moi et un ami m'a mis en contact avec une maison de disques. Sans me démonter, je suis allé rencontrer deux professionnels à Paris pour leur présenter mon idée. Je leur ai expliqué que je souhaitais créer un album, non pas basé sur ma vie, mais plutôt autour de mes films préférés. Chaque titre parlerait d'un film différent. L'idée d'écrire des paroles pour raconter ma vie ne m'inspirait pas. En revanche, interpréter des personnages loufoques qui existent déjà, tel Tyler Durden dans *Fight Club*, aurait totalement libéré ma plume. Le plus surprenant dans cette aventure, c'est que cette maison de disques était partante pour me soutenir malgré l'excentricité de ce projet.

J'ai finalement abandonné. Même si j'avais commencé à créer des sons avec Bovvary, j'ai ouvert les yeux : je ne suis pas doué en musique. Créer des sons pour m'amuser dans mon salon, pourquoi pas. Mais faire un véritable album, je vais trop loin.

C'est quoi, cette folie de toujours me lancer des défis d'envergure ? J'ai pris conscience que je risquais surtout qu'on se foute de ma gueule si j'allais jusqu'au bout. Réaliser un album entier aurait été trop chronophage pour moi, surtout qu'à cette période je trouvais que je publiais de moins en moins de vidéos. J'ai compris que je devais choisir entre ma passion initiale et ce nouveau passe-temps. Le choix s'est imposé naturellement.

Ce qui est ironique, c'est qu'à la fin de l'année 2020, je me promettais que 2021 serait l'année où je sortirais un album et… une autobiographie. Oui, cette idée de partager mon combat me poursuivait depuis plusieurs années. Pourtant, je n'ai jamais vraiment aimé écrire. Je trouve donc ça marrant que ce projet-ci ait finalement pris vie.

Je suis incapable de prédire l'avenir. Si ça se trouve, dans cinq ans, je serai invité aux NRJ Music Awards car je l'aurai sorti, ce foutu album !

9

Le défi trombone

J'adore cette citation de Mark Twain : « Ils ne savaient pas que c'était impossible alors ils l'ont fait. »

En 2013, un collègue m'avait parlé du Canadien Kyle Macdonald en m'expliquant qu'il avait réussi, en 2005, à échanger un trombone (l'objet de papeterie) contre une maison en seulement un an. J'avais trouvé cet exploit incroyable, en pensant qu'il avait dû faire des centaines d'échanges. Je lui avais déclaré, comme un rêveur, qu'un jour moi aussi, j'oserais tenter ma chance. Il m'avait répondu : « Non, pas cap ! » Effectivement, je crois que je ne l'aurais jamais été si je n'étais pas tombé malade.

Je n'y avais jamais repensé avant mai 2021 en retombant sur un article qui relatait ce record. C'est là que j'ai découvert qu'il n'avait pas fait des centaines d'échanges mais seulement une douzaine. Kyle MacDonald a d'abord échangé son trombone contre un stylo, puis une poignée de porte, une bonbonne de gaz de camping, un fût de bière, une motoneige, un voyage pour deux au Canada, un véhicule utilitaire, un forfait de 80 heures dans un studio d'enregistrement, un an de loyer à Phénix, une après-midi avec une légende du hard rock Alice Cooper, une boule à neige du groupe Kiss, un rôle dans un film, et enfin la maison. Il a mis un an, jour pour jour, du 12 juillet 2005 au 12 juillet 2006 pour réaliser toutes ces étapes.

Je suis chez moi, derrière mon ordi, en train de me dire que ce mec est taré. Ça me fascine. Qu'est-ce qui m'empêcherait de tenter, moi aussi, ma chance ? Ce défi m'intrigue, je veux tenter de battre Kyle. Et pour faire mieux que lui, j'anticipe qu'il faudrait que j'obtienne une maison qui vaut plus cher que la sienne (en prenant en compte l'augmentation générale des prix depuis 2006), et en étant plus rapide, c'est-à-dire finir en moins de 365 jours. J'essaye de prévoir les règles que le *Livre Guinness des records* pourrait m'imposer pour pouvoir prétendre avoir vaincu son record. Car oui, Kyle MacDonald a effectivement reçu un titre dans le *Guinness Book* 2008 dans la catégorie « *Most successful Internet Trade* », à savoir l'échange internet ayant eu le plus de succès.

Le 24 mai 2021, j'attrape donc le premier trombone qui traîne chez moi et je sors dans la rue sans me poser la moindre question. Je me promène alors dans les rues de

Nancy à la recherche de gens potentiellement généreux. Je sais que j'ai de grandes chances de me taper l'air con mais le ridicule ne tue pas après tout. La première personne que je croise est une mamie, je l'aborde en lui présentant l'exploit de Kyle et en lui disant que j'aimerais suivre ses traces. Elle me répond qu'elle n'a malheureusement pas grand-chose sur elle. Elle fouille quand même dans son sac et me sort un mousqueton que j'accepte avec joie. Je sors mon téléphone pour garder un souvenir de notre échange, je pense que c'est une bonne idée de filmer l'intégralité de mes discussions et de mes trocs. Je la remercie et cette gentille dame me souhaite d'aller le plus loin possible.

Avec ce mousqueton en main, je marche en direction d'une jeune femme que j'aperçois plus loin. Je lis dans son regard que chaque pas fait dans sa direction l'inquiète de plus en plus. Mais la pression redescend lorsque je lui explique ma démarche. Elle me propose alors un jeton de caddie que j'accepte, puis je lui demande l'autorisation de poster notre échange filmé sur les réseaux sociaux.

En rentrant chez moi, je poste une vidéo sur Instagram pour présenter ce challenge et les deux trocs que je viens d'effectuer. Donc ça y est, ce défi trombone est officiel. Puisque je viens de l'annoncer aux gens, je n'ai plus le droit de revenir en arrière.

Le lendemain, je repars au combat avec mon jeton de caddie. Mais ce coup-ci, j'enchaîne les vents, les gens me disent qu'ils ne sont pas intéressés ou bien qu'ils n'ont rien à me proposer. Je comprends à présent ce qu'on peut ressentir lorsqu'on nous dit « Non désolé » après la fameuse question « Auriez-vous quelques minutes à m'accorder ? ». Au bout d'une heure d'échecs, je ne me décourage pas et je rentre dans un bureau de tabac où la sympathique responsable accepte d'échanger mon jeton de caddie contre un briquet neuf en forme de lingot d'or.

Le troisième jour, je me pose devant un supermarché et je vois dans le regard des gens que j'aborde qu'ils me perçoivent comme un SDF en quête d'argent. Voyant que cette technique d'approche ne fonctionne pas, je décide d'aller à l'intérieur pour rencontrer le patron. Il me reçoit et joue le jeu en me proposant un plateau siglé de la marque de chewing-gum « Hollywood ». Je trouve cet objet pas mal mais j'hésite car le briquet est vraiment stylé. Je finis toutefois par accepter le plateau, deux employés du magasin m'ont convaincu que c'était plus judicieux.

À noter que Kyle MacDonald n'échangeait pas que des objets, mais aussi des services comme les 80 heures obtenues dans un studio d'enregistrement. Le concept est intéressant, je réfléchis à ce que je pourrais bien proposer et me vient alors en tête l'idée d'un shooting photo. Je cherche sur Google un photographe à Nancy, celui qui est le mieux noté tant qu'à faire. Une fois trouvé, je l'appelle et lui explique le concept. Mon plateau Hollywood ne vaut clairement pas la valeur d'un shooting photo, alors il faut être convaincant. J'aurais pu solliciter des amis, eux-mêmes photographes, mais je ne voulais pas que ce soit si facile, j'aurais eu l'impression de tricher.

C'est aussi ça, le défi : oser aller aborder des inconnus et les faire participer à cette aventure. Au téléphone, Greg, le photographe, n'est pas réticent, mais souhaite prendre le temps de réfléchir. En attendant son retour, j'essaie de garder espoir même si au fond, je suis persuadé qu'il ne me rappellera jamais. À ma grande surprise, Greg me passe un coup de fil dès le lendemain et m'annonce qu'il est partant. On se fixe rendez-vous quelques jours plus tard.

Dans le même temps, une connaissance rencontrée à une soirée quelques années plus tôt me contacte par le biais des réseaux sociaux. Il est responsable d'un magasin de décoration et a eu vent de mon défi trombone grâce à mes *stories* et publications. Il souhaite m'échanger le plateau contre des objets de décoration mais n'est bien sûr pas au courant qu'entre-temps, j'ai dégoté le shooting photo. Les deux étant à peu près de la même valeur, une centaine d'euros, je décline de ce fait son offre.

Il me réécrit quelques heures plus tard pour me proposer mieux, beaucoup mieux ; un stylo Montblanc d'une valeur de 400 euros ! C'est un cadeau de son ex dont il ne se sert jamais. Jackpot pour moi, j'accepte évidemment son offre d'échanger le shooting, que je n'ai pas encore officiellement obtenu, contre son stylo.

C'est à ce moment que j'ai compris que ma visibilité *via* les réseaux sociaux pourrait m'aider, il en était la preuve.

Cela a bien sûr été le cas, mais pas que, car finalement, la majorité des gens qui ont participé à ce défi ne me connaissaient pas. Après avoir rencontré Greg pour récupérer officiellement le shooting photo, qui était donc déjà échangé, une chaîne de sympathie s'est formée.

Le photographe me met en relation avec l'un de ses amis, Gabriele, qui me propose la création d'un site internet d'une valeur de 5 000 euros, contre le stylo Montblanc. Il l'appelle devant moi en pleine rue sans même que je m'y attende. Je pars donc à sa rencontre quelques jours plus tard, au Luxembourg, pour échanger officiellement ce stylo Montblanc contre un site internet. Il s'agit du septième troc depuis le début du défi. Là aussi, le contact passe plutôt bien, je lui demande s'il connaît quelqu'un qui serait intéressé par la création d'un site web, je pense aux éventuels clients qui lui auraient demandé un devis. Il me donne alors le contact d'un vendeur de diamants, qui s'appelle Bagdad.

Je l'appelle, je tombe sur sa messagerie et Gabriele me dit de raccrocher car il n'écoute jamais ses messages. C'est finalement Bagdad qui me rappelle.

J'essaye de jouer le commercial pour survendre ce défi mais je ne suis clairement pas crédible. À ma grande surprise, il m'annonce qu'il est partant. En quelques coups de fil, ce diamantaire me propose rapidement, en échange du site, une pierre d'un carat, d'une valeur marchande en boutique de 19 000 euros ! Je n'en reviens pas, les larmes me montent aux yeux, je trouve ça dingue. Cette aventure me prouve la gentillesse et la générosité des gens.

Cependant, je ne récupère pas le diamant aussi rapidement que je le souhaite. C'est clairement très long. Pendant plusieurs semaines, je n'ai plus de nouvelles et cela m'inquiète, je crains que Bagdad ne se rétracte. Je ne suis pas serein, je pense que cet échange va tomber à l'eau. J'apprends finalement grâce à Gabriele qu'il vient de devenir papa et qu'il a simplement un peu mis son business de côté pendant cette période. Après plusieurs semaines d'attente, il me recontacte et me demande de venir à Paris. Ni une, ni deux, j'y vais avec mon père pour qu'il filme la rencontre. J'allais tout de même récupérer un putain de diamant !

Dans son bureau, Bagdad me tend une pierre, elle est somptueuse. Je suis toutefois surpris par sa taille, je pensais qu'un diamant d'un carat serait imposant, mais celui que j'ai dans les mains est minuscule. Pour m'assurer qu'il s'agit bien du diamant convenu, je lui demande sa valeur. Il me rassure en me confirmant que ça vaut entre 15 000 et 20 000 euros. En prime, afin de rendre cet échange officiel, Bagdad me délivre son certificat d'authentification. Ce huitième troc me paraît lunaire : deux mois que ce défi a commencé et j'ai déjà un diamant. Ça me donne envie de placer la barre encore plus haut.

Sur ma lancée, je me mets à chercher une voiture. J'appelle toutes les concessions automobiles de ma région pour malheureusement essuyer refus sur refus. Je change alors mon fusil d'épaule en visant le domaine de l'art. Dans mes recherches, je tombe sur le site web i-CAC qui indique les valeurs officielles des artistes peintres. J'appelle Flore Sigrist, la peintre la mieux cotée du Grand Est. Je tombe alors sur son père qui gère la vente de ses œuvres. Au fil de notre discussion, nous nous rendons compte que Flore et moi affrontons tous les deux une maladie. Il m'affirme que nous étions faits pour nous rencontrer. C'est ainsi qu'il m'invite, en juillet 2021, à venir rencontrer Flore à Strasbourg.

Je pars avec mon père en louant une camionnette car j'ignore de quelle taille sera mon futur tableau. En arrivant, le père de Flore m'amène directement chez un bijoutier pour évaluer le diamant. Normal, j'aurais fait pareil à sa place. La vendeuse nous confirme qu'il s'agit d'un vrai et elle l'évalue entre 15 000 et 20 000 euros. Me voilà rassuré.

On retourne ensuite chez Flore, son papa me montre une dizaine de peintures acryliques sur toile et me propose de choisir celle qui me plaît le plus.

J'essaye de négocier pour en prendre une plus grande, car certaines avoisinent les 70 000 euros. Mais son père me dit en riant de ne pas être trop gourmand. Pas de regret, j'aurai essayé. Mes yeux parcourent les dix œuvres et s'arrêtent net sur une peinture principalement rouge. Je l'interprète comme la rage qui sommeille en moi. Je la choisis sans hésiter. Son père me rédige alors un certificat d'authentification pour cette toile de plus d'un mètre de côté, cotée à 33 750 euros.

En plaçant cette toile dans ma chambre, à côté d'une poignée de trombones, je me dis que ça vaut le coup d'être fou. J'attrape mon téléphone pour présenter à ma communauté ce nouvel échange.

Ma dernière phrase est « Est-ce que je m'arrête là ? Évidemment que non. » Et au fond, je suis persuadé que je vais tout déchirer.

Trois ans plus tard, ce tableau est toujours dans ma chambre. À chaque fois que je le regarde, j'ai presque honte. Pourquoi ce sentiment-là ? Parce que mon objectif était de battre Kyle MacDonald et que j'en suis loin. Je n'ai pas abandonné tout de suite, j'ai essayé à maintes reprises de l'échanger contre n'importe quel autre objet d'une plus forte valeur. Je me suis malheureusement heurté à d'innombrables rejets.

La niaque que j'avais au début s'est essoufflée petit à petit mais ce qui l'a vraiment éteinte, c'est de voir une femme américaine sur M6 et TF1. Elle venait de réussir le défi d'échanger une épingle à cheveux contre une maison dans le Tennessee, en 28 trocs et en un an et demi. Elle avait commencé six mois avant moi et je l'ignorais. Je ne voulais pas que les gens pensent que je plagiais cette Américaine.

L'hommage que je voulais rendre à Kyle MacDonald, qui avait réussi son défi en 2006, venait de perdre toute valeur à mes yeux. Quelle était la probabilité que je me lance dans ce défi, quinze ans plus tard, en même temps que quelqu'un d'autre à l'autre bout du monde ? Je préférais abandonner ce projet plutôt que d'arriver deuxième. À chaque fois que je raconte comment j'ai échangé un trombone contre un tableau d'une valeur de 33 750 euros, les gens me félicitent, certains sont même admiratifs. Sauf qu'à mes yeux, c'est un échec. Je ne visais pas un tableau mais une maison.

10

Partout et nulle part à la fois

Les tendances évoluent constamment, tout comme les plateformes qui les hébergent. Si on remonte au début des années 2010, les youtubeurs n'étaient pas spécialement pris au sérieux, il n'était même pas question de rémunération. Cette situation a considérablement changé en plus de dix ans. Un exemple frappant est celui de Squeezie, le vidéaste aux 18 millions d'abonnés.

Il a commencé en étant un jeune youtubeur qui jouait aux jeux vidéos dans sa chambre, et est devenu en septembre 2023 l'organisateur d'une course automobile, le GP Explorer 2, réunissant plus d'un million de téléspectateurs en direct. On aperçoit souvent dans ses vidéos des célébrités, qui n'ont rien à voir avec YouTube, comme Pierre Niney ou encore Marion

Cotillard en novembre 2023. Il a fait partie des vidéastes qui ne se sont jamais démontés, qui ont vu les choses en grand et qui ont fait prendre de l'ampleur à YouTube. Rien que pour cette audace, je l'admire.

J'ai compris que pour éviter d'être démodé, il faut toujours être à l'écoute des tendances. Moi je me suis inscrit tardivement sur Instagram, fin 2017, alors que ça faisait déjà plusieurs années qu'il y avait de nombreux utilisateurs. Je ne voulais pas reproduire la même erreur avec TikTok, c'est pour cela que j'ai créé un compte dès que j'ai découvert que cette nouvelle application montait en puissance. Au départ, j'y publiais principalement des extraits de mes vidéos YouTube, car après tout, ça ne me demandait pas énormément de travail.

Beaucoup de personnes m'ont découvert grâce à cette plateforme émergente. J'ai bien fait de m'y inscrire à ses débuts, il y avait beaucoup moins d'utilisateurs que maintenant, mon compte a dépassé les 100 000 abonnés dès les premiers mois. Mes vidéos fonctionnaient bien, j'avais même un doute sur le nombre extravagant de likes que j'obtenais comparé aux autres plateformes.

En effet, mes vidéos récoltent en moyenne 5 % de likes par rapport au nombre de vues sur Facebook et YouTube alors que sur TikTok, ce chiffre peut grimper jusqu'à 20 %. On dirait des statistiques gonflées pour encourager les utilisateurs à venir s'inscrire et à publier davantage de contenu. Je me souviens d'avoir posté une vidéo en arrivant sur le parking d'un cinéma. Juste le temps d'acheter mes places et des pop-corns, elle avait déjà atteint plus de 11 000 likes. Ce chiffre démesuré m'avait marqué.

Au départ, l'une des principales tendances sur TikTok, à côté de la danse qui prédominait, consistait à effectuer du playback de répliques tirées de films célèbres. Ainsi, quand je postais une nouvelle vidéo YouTube, je voyais souvent des gens rejouer un court passage en playback, en utilisant sa bande-son. Plusieurs de mes vidéos ont donc généré des milliers de réutilisations de leur son original. C'est pourquoi j'ai trouvé ça très drôle quand deux gamines m'ont abordé, dans un café, pour me féliciter de mon talent de playback. Je leur ai expliqué, en souriant, que c'était ma vraie voix dans toutes mes vidéos. Elles m'ont alors déclaré que j'étais « encore plus meilleur » que ce qu'elles pensaient. Cela m'a d'ailleurs fait bizarre quand elles m'ont annoncé que j'étais leur « tiktokeur » préféré : c'était la première fois que j'entendais ce mot.

TikTok France m'a convié, lors de l'été 2019, à une soirée à Paris pour rencontrer leur équipe et d'autres vidéastes en pleine ascension. Ils m'ont annoncé que j'étais élu tiktokeur français du mois de juin. Le but était de récompenser les créateurs de contenu afin de les encourager à partager davantage de vidéos.

J'étais évidemment fier de recevoir ce trophée mais étrangement, comparé à Facebook ou YouTube, mon engagement sur cette application était bien moindre. Je m'y connectais uniquement pour publier mes vidéos et je prenais à peine le temps de lire quelques commentaires. J'étais complètement détaché de cette plateforme jusqu'au jour où j'ai compris, pendant le confinement, que TikTok avait pris une plus grande envergure, accueillant de plus en plus de célébrités telles que Will Smith et Emmanuel Macron.

J'en ai déduit que ça ne touchait plus seulement quelques adolescents mais un public bien plus large. J'ai profité de cet engouement pour relancer ma notoriété en relevant le défi, en décembre 2021, de poster une vidéo chaque jour pendant un mois. Mes publications étaient principalement des parodies de vidéos que je trouvais sur TikTok. Mais dès les premiers jours, j'ai compris que réussir à produire une vidéo quotidiennement serait plus complexe que je ne l'avais imaginé. Il me fallait parcourir TikTok pendant des heures pour dénicher une vidéo à parodier, écrire rapidement un scénario original, filmer mes scènes et, enfin, monter le tout en moins de vingt-quatre heures.

J'ai trouvé ce défi compliqué mais je l'ai respecté jusqu'au dernier jour, je ne voulais surtout pas abandonner. J'ai donc réussi à réaliser 30 vidéos en 30 jours, même si certaines étaient postées tard le soir. Cette expérience a été tellement éprouvante qu'elle m'a presque dégoûté, je me suis promis de ne plus jamais créer autant de publications en si peu de temps.

Mais comme d'habitude, ma promesse n'a pas duré longtemps puisque j'ai retenté ce défi six mois plus tard. Ce qui m'a motivé, entre autres, c'était que j'avais gagné plus de 250 000 abonnés sur TikTok en seulement un mois, passant de 600 000 à 850 000. L'envie de dépasser le million me titillait. Pourtant à cette époque, début 2022, je traversais une nouvelle vague de crises d'épilepsie. Pendant deux mois, j'en faisais plusieurs légères par jour, sans répit. Ça m'avait clairement déprimé et, malgré mon envie, je créais de moins en moins de vidéos. Ma motivation a cependant rebondi avec l'annonce en mai 2022, qu'une opération n'était peut-être plus envisageable et qu'on partirait plutôt sur de la chimiothérapie.

C'était la première fois, depuis longtemps, que je m'autorisais à imaginer des projets à long terme. C'est dans cet état d'esprit que, en juin 2022, j'ai décidé de relever à nouveau le défi TikTok d'une vidéo par jour, mais cette fois-ci, non pas pendant un mois, mais pendant un an. Ce challenge m'avait presque dégoûté et, six mois plus tard, je décide de le rendre douze fois plus complexe. Toujours dans la démesure, le gars !

Dès la première semaine de ce défi, j'ai redécouvert sa complexité. Je finissais mes vidéos tard le soir, parfois sans savoir ce que je pourrais tourner le lendemain. Une pression constante qui ne quitte jamais mon esprit. Aucun jour de repos, aucune vie sociale. Il fallait être fou pour s'engager dans un tel projet pendant un an. J'ai donc pris la décision de l'abandonner dès la fin du premier mois.

Heureusement, je n'avais jamais officiellement annoncé mon intention de le faire pendant 365 jours. L'avantage c'est que, malgré tout, j'ai réussi à franchir le cap du million d'abonnés sur TikTok. Certaines de mes vidéos ont explosé, dont l'une dépassant même les 10 millions de vues.

Malgré ces bonnes statistiques, je suis resté mitigé quant à l'utilisation de cette plateforme. L'avantage, c'est qu'il est nettement plus simple de réaliser des vidéos sur TikTok que des courts-métrages sur YouTube. De plus, la reconnaissance y est instantanée. L'inconvénient, en revanche, c'est qu'il y a infiniment plus de contenus disponibles, donc plus de concurrence. Depuis l'explosion de 2020, énormément de personnes se sont mises à jouer le jeu en produisant leurs propres vidéos.

Sur cette plateforme, je constate malheureusement que la nécessité d'avoir un talent particulier s'est estompée, tout le monde a accepté de se copier réciproquement, en appelant ça des « tendances ». Depuis mes premiers tweets en 2015, j'ai toujours participé à la dénonciation du plagiat par respect envers les auteurs. Mon objectif était de créer du contenu, pas de le dupliquer. Sur Facebook, en 2016, on n'était pas beaucoup de créateurs à publier régulièrement des vidéos populaires. Une centaine, peut-être même moins. Je l'avais découvert grâce à la page Minute-Buzz qui nous avait tous réunis dans un seul groupe de discussion.

J'avoue que la concurrence n'était pas si rude que ça. Ces notions ont été bouleversées avec l'évolution de la qualité des smartphones et l'avènement de TikTok. De nos jours, n'importe qui peut se filmer depuis chez lui en copiant son voisin. Sous prétexte de tendances, on peut donc voir sur nos écrans la même blague interprétée par des milliers, voire des millions de personnes. Je crois que ma conception du mot « tendance » diffère de celle de la majorité. À la limite, si c'est une chorégraphie ou une simple réplique qui est reprise, pourquoi pas, c'est le fonctionnement de la mode après tout.

Mais lorsque c'est l'intégralité d'un sketch qui est rejoué, sans aucune modification, là ça me déplaît et j'en ai malheureusement fait les frais. J'ai ainsi découvert plusieurs de mes vidéos copiées intégralement par d'autres utilisateurs, sans le moindre crédit, sans la moindre mention. J'ai l'impression que les créateurs de contenu qui recherchent l'originalité jettent leurs nouvelles vannes dans un océan de blagues qui se ressemblent toutes.

Le plagiat est devenu à ce point monnaie courante qu'on m'a déjà demandé plusieurs fois, quand je sortais une nouvelle vanne, sur quel compte je venais de la trouver. On en oublierait presque que des gens créent réellement des choses sur cette application. Beaucoup défendent la même théorie : « Toutes les vannes viennent des États-Unis. » Il semblerait que je sois américain sans le savoir. Est-ce que ça m'énerve ? Bien sûr que oui. Mais ce qui me dérange le plus, c'est que bon nombre de vidéastes deviennent connus et obtiennent plusieurs millions d'abonnés sans rien créer. J'ai certes envie de percer mais, par respect envers moi-même, je serais incapable de plagier pour y arriver.

Après avoir renoncé à mon défi de réaliser 365 vidéos sur TikTok, j'ai pris une décision diamétralement opposée. Ma tendance à passer d'un extrême à l'autre s'est manifestée une fois de plus en octobre 2022. C'est à ce moment-là que je me suis lancé dans la réalisation de mon premier moyen-métrage, écrit en quelques mois avec Xavier, d'une durée d'environ 45 minutes. L'histoire gravite autour d'un couple d'influenceurs qui devient célèbre en cherchant constamment à faire le buzz. Je me suis lancé dans ce projet sans trop réfléchir, persuadé que si j'évaluais la montagne de travail qui m'attendait, je n'oserais jamais franchir le pas. Les premiers tournages ont alors commencé, accompagnés de mon caméraman Pascalou, à chaque fois dans des lieux différents.

Chaque tournage me demandait beaucoup de préparation, impliquant la recherche de lieux spécifiques et la mobilisation de nombreux figurants, parfois jusqu'à une vingtaine de personnes. Par exemple, j'avais besoin de deux restaurants différents, j'ai donc fait le tour de Nancy à la recherche d'établissements correspondant à la complexité du scénario.

Ensuite, il me fallait trouver les dates qui correspondaient aux disponibilités de tout le monde. J'ai toujours appelé ça « l'équation à plusieurs inconnues ». Ça me rendait parfois dingue d'être obligé d'attendre plus d'un mois pour que tout le monde soit disponible. On m'a souvent conseillé de recruter des comédiens professionnels, disponibles en semaine, mais je n'ai jamais eu les moyens pour ça. Ce projet avançait donc lentement, bien trop lentement à mon goût. On a donc fait une douzaine de tournages, étalés sur plusieurs mois, et je devenais de moins en moins patient.

J'ai découvert que je faisais un burn-out quand je me suis écroulé pendant le tournage de l'enterrement en avril 2023, plus de six mois après le début de ce projet. J'ai enfin accepté l'évidence : ce moyen-métrage était trop complexe pour que je puisse le réaliser seul. Ça m'avait l'air faisable sur le papier mais j'ai compris que j'avais besoin de construire une équipe autour de moi.

L'année 2023 était donc l'occasion de rebondir après une année 2022 statistiquement décevante à mes yeux. J'avais publié seulement 5 vidéos sur YouTube en un an, alors que mon intention était d'en réaliser au moins 12. L'objectif n'était pas du tout atteint et la raison pour laquelle j'en ai produit si peu reste un mystère pour moi. Pourtant, je n'ai pas chômé, je ne me suis jamais accordé la moindre pause. Je me levais chaque matin en me disant que j'étais en retard sur tous mes projets, je ne pouvais donc pas me permettre de me reposer, sauf quand mon corps me l'imposait. Selon moi, ce qui m'a lentement détruit, c'est mon perfectionnisme.

Certains le présentent comme un défaut lors d'un entretien d'embauche pour montrer indirectement leur implication. Pour ma part, je ne le considère plus comme un simple défaut, mais plutôt comme un handicap qui s'est amplifié au fil des années. Au départ, pour mes premières vidéos, je souhaitais simplement m'assurer que ma manière de filmer était correcte. En prenant conscience de l'importance du son, j'ai investi dans un micro, veillant à le placer toujours au plus près des comédiens tout en ajustant le volume. Ensuite, j'ai découvert l'importance de la lumière pour rendre les plans plus esthétiques.

J'ai visionné d'innombrables tutoriels en ligne et analysé des films en me concentrant sur leurs aspects techniques, surtout lorsque l'histoire du film ne captivait pas mon attention. Avec l'ajout de ces détails, mes tournages sont devenus de plus en plus longs. Avant, il y avait beaucoup d'improvisation technique, je choisissais les lieux au dernier moment, mon attention était principalement centrée sur l'interprétation des répliques. Progressivement, je me suis perfectionné dans la gestion de la lumière et du son.

J'ai eu au fil du temps de plus en plus de casquettes, passant non seulement de scénariste, acteur et réalisateur à ingénieur du son et chef opérateur. Pourquoi se contenter d'être moyen une fois qu'on a découvert des techniques pour devenir bon ? Le processus de montage a suivi la même trajectoire.

À l'origine, je montais mes vidéos assez rapidement, j'ajustais les contrastes, choisissais la musique et adaptais le son en cas de volumes différents. Cependant, au fil du temps, j'ai acquis de nouvelles compétences, découvrant des détails captivants pour améliorer la qualité des vidéos. L'étalonnage, par exemple, afin d'apporter une dimension plus cinématographique à l'image, ou encore le mixage du son. Alors qu'auparavant, je procédais rapidement, je suis aujourd'hui arrivé à un point où j'ajuste le son phrase par phrase, parfois mot par mot. Ça frise les TOC.

Quand je repère un léger défaut, je n'arrive pas à l'ignorer. Pendant le montage, je regarde la vidéo des centaines de fois et je ne la publie que lorsque je ne trouve plus rien à modifier. Cette constante recherche d'amélioration est devenue pesante pour moi, j'oublierais presque que je réalise des vidéos YouTube et non pas des films.

Mon perfectionnisme a été mis à l'épreuve lorsque mon pote Brice, un réalisateur avec qui j'avais déjà collaboré pour mes deux clips de musique, m'a invité à participer au concours « Les Monstrueuses 48 heures » avec plusieurs de ses amis. On avait seulement quarante-huit heures pour écrire, filmer et monter une vidéo de 3 minutes en respectant un thème imposé. C'est dans le cadre de ce concours que l'équipe que je cherchais à construire s'est quasiment constituée. J'ai notamment fait la rencontre de Clément qui m'épaule actuellement pour réaliser mes vidéos.

On a rédigé le scénario en une seule soirée, tourné les scènes le lendemain jusqu'à 3 heures du matin et, le dernier jour, j'étais derrière mon ordinateur pour monter cette vidéo le plus vite possible. Je me suis surpris moi-même en réussissant à mettre mon perfectionnisme de côté pour aller droit au but et finir dans les temps.

Le week-end suivant, on s'est rendus dans un cinéma à Metz pour recevoir le prix du meilleur court-métrage parmi les 15 équipes participantes.

J'étais fier de ce trophée, j'ai demandé à tout mon groupe de le signer et je l'ai posé sur une étagère dans mon salon.

On était certes loin des millions de vues sur les réseaux sociaux mais je me suis éclaté tout le week-end avec des gens qui, comme moi, adorent cet univers. Cette fois, je n'ai pas ressenti la pression habituelle car Brice et Clément avaient eux-mêmes assumé le rôle de réalisateurs.

Ils m'ont fait comprendre que je retrouverais du plaisir en acceptant de déléguer certaines responsabilités et en laissant de côté quelques-unes de mes casquettes. Cette expérience m'a fait prendre conscience que c'était nécessaire si je ne voulais pas me dégoûter du monde des vidéos.

Cette conviction s'est renforcée lors de la réalisation, avec Brice, du court-métrage « Le Hater ». À mes yeux, c'est actuellement ma vidéo la plus aboutie. C'est également la plus longue avec une durée de 24 minutes. On ne s'en rend pas forcément compte à l'écran mais cette vidéo a nécessité 7 jours de tournage dans 4 lieux différents et avec la participation de plus de 40 personnes. Ce qui m'a permis de mieux gérer mon stress, c'était l'implication totale de Brice. Lorsqu'on arrivait sur un lieu de tournage, il se plongeait de nouveau dans le scénario pour s'en imprégner et imaginer la meilleure manière de filmer chaque plan. Je n'avais plus besoin de courir partout pour placer le matériel et donner des directives à tout le monde. Grâce à lui, je pouvais de nouveau respirer. J'avais confiance en lui car je savais qu'il filmerait mieux que moi.

Il m'a d'ailleurs donné un excellent conseil : faire des castings pour attribuer les rôles. Auparavant, je choisissais simplement les personnes disponibles et motivées. Je jugeais leur talent de comédien à l'instinct. Sur plusieurs tournages, je me suis donc retrouvé à faire répéter des dizaines de fois la même réplique à quelqu'un pour obtenir un semblant de naturel. Une perte de temps considérable et un stress supplémentaire. Pour la vidéo du « Hater », j'ai donc suivi le conseil de Brice en organisant des castings en tête à tête, dans un bureau, afin d'attribuer les rôles des personnages ayant plusieurs répliques.

Une décision judicieuse car deux individus que j'avais envisagés m'ont démontré, lors de leur casting, qu'ils n'auraient pas réussi à interpréter leur rôle comme je l'imaginais. Le timing des tournages était déjà serré, alors qu'est-ce que ça aurait donné si on m'avait entendu dire en boucle « on va la refaire » ?

Cette vidéo s'est d'ailleurs développée lorsque j'ai redécouvert une note dans mon téléphone contenant la phrase : « Un mec timide, qui écrit anonymement des commentaires d'enfoiré, s'électrocute et devient un Hater avec toutes les personnes qu'il croise. » J'avais noté cette idée fin 2021 et je l'avais laissée mûrir pendant presque deux ans, sentant qu'il y avait quelque chose à faire. J'ai toujours trouvé fascinant d'écrire une idée, confortablement installé sur mon canapé, et de la voir prendre vie grâce à des dizaines de personnes prêtes à me suivre dans ma folie.

J'ai, au fil des années, développé une technique pour avoir un regard extérieur sur mes propres scénarios : je me filme avec mon téléphone dans mon salon, en jouant tous les personnages, pour monter une vidéo brouillon. Ça nous permet, Xavier et moi, d'évaluer le rythme de l'histoire, de repérer les passages trop longs, les vannes à améliorer ou à enlever. J'avais commencé à utiliser cette technique dès les premières vidéos Skype avec les enfants. En jouant leurs deux rôles, je leur montrais l'intonation que j'attendais pour chacune de leurs répliques. Je trouve ça drôle de revoir ces brouillons des années plus tard. On dirait des parodies des vraies vidéos en ligne car c'est souvent joué exactement de la même manière.

En juin 2023, une amie à moi m'a mis en relation avec Alexis, le directeur d'un cinéma UGC à Nancy. Je suis allé le rencontrer, à la recherche d'une éventuelle collaboration. Comme à mon habitude, je n'ai pas su me vendre. Je n'aime pas, par exemple, balancer les statistiques de ma chaîne YouTube pour me mettre en avant, comme si j'en étais fier. Ça me donne l'impression d'être imbu de ma personne d'annoncer des chiffres sans qu'on me les demande. « Salut, j'ai 600 k d'abonnés sur YouTube et mes vidéos font en moyenne plus de 2 millions de vues, alors embrasse ma main comme si j'étais un roi s'il te plaît. »

Je m'en suis quand même bien sorti, le rendez-vous s'est très bien passé. Alexis a été super sympa, il m'a offert une carte illimitée me donnant accès à tous les cinémas UGC. C'était un cadeau évidemment bienveillant mais une part de moi s'est demandé où était le Florent Speroni de ses débuts, celui qui était opportuniste, qui aurait été capable de demander des choses plus ambitieuses.

En 2017, j'étais par exemple allé toquer à la porte du bureau d'un patron d'un cinéma Kinépolis, à Nancy, pour lui demander avec aplomb que mes vidéos apparaissent pendant les bandes-annonces des films. Il m'avait alors expliqué que cette décision n'était pas de son ressort, que ça relevait plutôt d'entreprises comme Médiavision ou SEP Publicité. Néanmoins, ce culot avait porté ses fruits car il m'avait offert l'opportunité d'animer une soirée filles pour la sortie du film *50 Nuances de Grey* dans plusieurs salles combles. En échange, mes vidéos ont été diffusées en boucle sur toutes les télévisions du cinéma pendant une semaine.

Deux mois plus tard, Alexis m'a recontacté, cette fois-ci pour m'inviter à l'avant-première du film *3 Jours max* de Tarek Boudali. Il m'a donc ouvert son cinéma, en pleine matinée, pour que je vienne le voir avec mon pote Yohann *alias* « régisseur Yo ».

Il m'aide depuis plus d'un an à gérer le matériel et les figurants lors de tournages et surtout à m'éviter de stresser. Après la projection, en sortant de la salle, Alexis me rappelle que Philippe Lacheau, Julien Arruti et Tarek Boudali seront là le soir même et que j'aurai l'opportunité de les rencontrer, ce qui est évidemment un honneur pour moi. Il ajoute qu'il a pris l'initiative d'envoyer un e-mail au distributeur du film pour me présenter et qu'ils sont partants pour qu'on fasse une vidéo ensemble, me laissant carte blanche. Je me revois lui faire répéter plusieurs fois le mot « vidéo ».

À la base, je pensais les rencontrer pour échanger deux-trois mots avec eux et éventuellement leur demander un selfie s'ils avaient le temps. Mais là, j'apprends que j'ai l'opportunité de faire une courte vidéo avec eux. Je demande à Alexis combien de temps j'aurai, il m'annonce 10 minutes. Ouah, 10 minutes, c'est serré ! Je le remercie, je quitte le cinéma et je m'empresse d'appeler Xavier, mon coscénariste. Je lui explique au téléphone que je vais rencontrer La Bande à Fifi et que j'ai besoin de lui pour écrire un scénario en seulement quelques heures. Je lui propose plusieurs idées et il y en a une qui nous fait marrer tous les deux, c'est celle que je retiens.

Le soir, je retourne donc au cinéma UGC avec Yohann et je scrute l'endroit où on filmera avec son téléphone. On nous avait prévenus qu'ils arriveraient à 20 heures pour venir faire la promotion de leur film dans deux salles remplies. Plus on se rapproche de l'heure fatidique, plus j'ai envie de pisser. C'est évidemment à 19 h 59, pas une minute plus tôt, que je décide enfin d'y aller. En sortant des toilettes, Yohann me fait les gros yeux et me chuchote :

— Ils viennent d'arriver, il faut qu'on se magne.

J'ai l'impression qu'on est en train de faire un hold-up et qu'il m'annonce que les flics viennent de débarquer.

Je me dirige alors vers les trois acteurs qui sont déjà confortablement installés sur des fauteuils près de l'entrée. Je marche, sûr de moi, en essayant de me persuader que cette situation est totalement normale. Alexis me présente à toute l'équipe en précisant que c'est avec moi qu'ils vont réaliser une vidéo. J'attrape le quatrième fauteuil vide et je m'y installe. Ils m'encerclent, Philippe Lacheau à ma droite, Julien Arruti en face et Tarek Boudali à gauche. Ils ont l'air fatigués, normal c'est le cinquième cinéma qu'ils visitent dans la même journée. Je me lance alors dans un monologue pour leur expliquer le script que j'ai pondu :

— Voilà le scénario. Je suis au téléphone avec ma meuf, on me voit en gros plan assis sur un de ces fauteuils. Elle me demande ce que je suis en train de faire, je lui explique que je suis au cinéma pour mater votre film. À chaque question qu'elle me pose, on sent qu'elle doute de moi…

Ils m'écoutent tous les trois, sans rien dire. Je sens mon cœur battre de plus en plus vite. Je pense constamment au peu de temps que je suis censé avoir pour tourner cette vidéo, c'est-à-dire seulement 10 minutes. Il faut que j'aille droit au but. Mais plus je me dis ça, plus je sens que ma bouche devient pâteuse. Je me mets à transpirer du front comme si j'étais dans un sauna. Je poursuis d'une voix tremblotante :

— Ma copine me demande alors avec qui je suis. Je lui réponds, d'un air totalement naturel, que je suis avec Philippe qui me met du vernis sur les ongles, avec Julien qui me fait une danse sexy et avec Tarek qui… Et là ma copine me coupe la parole.

Je regarde Tarek dans les yeux pour lui annoncer la vanne qui le concerne.

— … et elle me dit, en montrant qu'elle invente un truc insensé : « Et laisse-moi deviner t'es avec Tarek qui est train de te masser les pieds, c'est ça ? »

Je vois Tarek froncer les sourcils mais je continue :

— Du coup, je lui réponds que c'est exactement ce qui se passe et elle me raccroche au nez, persuadée que je lui mens et que je suis avec mon ex. Et quand ça raccroche, on fait un plan large sur lequel on vous découvre tous les trois. Philippe, tu me mets vraiment du vernis sur les ongles, Julien, tu danses devant moi comme un stripteaseur et Tarek, on te voit en train de me masser les pieds. Voilà, voilà... Vous en pensez quoi ?

Ils échangent un regard complice mais aucun ne me répond réellement. Yohann, debout derrière moi, leur lance avec un sourire malicieux :

— Vous pouvez lui dire d'aller se faire foutre si vous voulez, hein.

Les trois se mettent à rire, ce qui détend l'atmosphère. Moi aussi, j'éclate de rire mais de manière exagérée, on sent le mec gêné qui essaye maladroitement d'avoir l'air détendu.

Ils me répondent alors qu'on peut effectivement tourner cette vidéo mais Tarek m'annonce qu'il refuse de me masser les pieds.

Je lui sors timidement un paquet de lingettes que j'ai acheté exprès pour me nettoyer les pieds avant de tourner cette scène. Ça le fait rire mais il confirme qu'il veut vraiment qu'on trouve une autre fin. Il réfléchit à voix haute et me propose qu'on l'aperçoive en train de me servir une coupe de champagne. Alexis hoche la tête et m'indique qu'il a une bouteille en réserve dans le cinéma. *Let's go !*

On s'installe donc rapidement et on tourne tous les plans prévus. Encore une fois, ça me fait bizarre de donner des directives à de vrais acteurs. Des phrases du genre « Philippe, refais ta réplique en parlant plus fort s'il te plaît » ou encore « Julien, exagère vraiment tes mouvements quand tu danses ». C'est le genre de moment où mon syndrome de l'imposteur refait inévitablement surface. Je dois faire abstraction de cette voix intérieure qui me répète que je ne suis pas un réalisateur professionnel.

Juste au moment où on termine le dernier plan, je vois une équipe de l'UGC apporter des repas. Je remercie chaudement toute l'équipe et je leur demande un selfie en souvenir. Je dis au revoir, je commence à partir mais Alexis m'interrompt :

— Bah Florent, tu fais quoi ?

— Hein ? Bah je vous laisse tranquilles pour manger.

— Non, non, tu restes manger avec nous.

— Avec plaisir ! Merci !

Pour fêter ça, j'ai bu d'une traite la coupe de champagne que Tarek venait de me servir. Elle était tiède mais je l'ai kiffée. C'est finalement trois heures plus tard qu'on s'est réellement dit au revoir. Trois heures au cours desquelles j'ai eu la chance de pouvoir manger et discuter avec eux. Je leur ai présenté mes excuses d'être arrivé si vite sans prendre le temps de réellement me présenter, en leur expliquant que le timing serré m'avait mis la pression. Je me suis moqué de mon aisance inexistante et de ma transpiration abondante pendant que je leur proposais mon idée de sketch. Philippe Lacheau m'a alors avoué que ça lui rappelait leurs débuts sur Canal + quand ils présentaient un scénario et qu'ils recevaient souvent en réponse un silence absolu.

Deux semaines plus tard, Alexis m'a de nouveau contacté pour m'annoncer qu'il recevait Philippe Lefebvre et Franck Dubosc dans son cinéma UGC et que c'était de nouveau possible de faire une courte vidéo avec eux. J'ai alors suivi le même processus en écrivant un scénario avec Xavier et en allant regarder le film le matin même cette fois avec Clément, mon nouveau réalisateur rencontré quelques mois plus tôt.

On savait que Franck Dubosc arriverait à 21 h 50 au cinéma donc on a décidé de débarquer « un peu » en avance (deux heures avant). On voulait prendre le temps d'analyser l'entrée du cinéma car c'était l'endroit où on allait filmer. Quand Franck Dubosc et Philippe Lefebvre sont arrivés, j'ai à peine eu le temps de leur dire bonjour que la foule s'est directement précipitée vers eux pour faire des selfies. On m'avait prévenu qu'ils ne seraient disponibles avec moi que jusqu'à 22 h 05, ce qui me laissait un créneau de quinze minutes.

Encore une fois, un laps de temps très court. Ils ne pourront pas dépasser ça car ils sont attendus en salle pour la promotion de leur film. Ils enchaînent des photos et l'horloge tourne. Le distributeur qui gère leur planning regarde sa montre, s'approche de moi et m'annonce qu'on n'aura finalement pas le temps de réaliser notre vidéo. Fait chier !

Je hoche la tête sans rien dire.

Au moment où il finit sa phrase, j'aperçois Franck Dubosc marcher dans ma direction. L'opportuniste de mes débuts reprend alors le contrôle de mon esprit, conscient que cette opportunité ne se représentera peut-être plus jamais. Le distributeur devient alors invisible à mes yeux et je rejoins rapidement les deux acteurs. Je leur explique brièvement ce que je souhaite tourner avec eux en sachant qu'à tout instant, le distributeur peut venir me taper sur l'épaule en me disant : « Oh t'es sourd ou quoi ? »

Mais ça n'arrive pas. Philippe et Franck me disent qu'ils sont partants et ils se prêtent au jeu avec le sourire.

On enchaîne cinq plans différents, filmés par Clément avec son téléphone. Des dizaines de personnes nous observent. D'ailleurs, je trouve ça assez amusant d'avoir la pression quand je monte sur scène mais pas quand on me dit « Action », même devant autant de monde.

On parvient à terminer pile à 22 h 05, je les remercie et ils s'éloignent vers la salle de cinéma. J'attends que tout le monde rentre dans la salle avant d'attraper Clément, heureux comme jamais, pour le secouer dans tous les sens. On l'a fait !

Alexis m'invite ensuite à venir dîner au restaurant avec eux. Sur le chemin, Franck Dubosc me voit me faire arrêter à plusieurs reprises pour prendre des selfies. Cette situation me paraît surréaliste. On dirait que j'ai payé des gens pour essayer de lui faire croire que je suis connu. Même au restaurant, la patronne vient à ma table et m'annonce que son fils est fan de moi et qu'il n'ose pas sortir des cuisines pour venir me saluer.

Pendant le repas, Franck Dubosc me demande des conseils concernant TikTok et ça me fait rire car, en regardant son compte, je constate qu'il publie largement plus que moi. Dans le fil de la discussion, j'avoue au réalisateur Philippe Lefebvre que mon rêve serait un jour de pénétrer le monde du cinéma. Il me recommande alors d'écrire un scénario et ajoute même avec assurance :

— Devenir acteur ? Je suis sûr que tu y arriveras.

Je reste silencieux, je ne sais pas quoi lui répondre à part un discret « merci ». Une part de moi tente de trouver mille excuses pour ne pas m'emballer, qu'il a dit ça sans réellement me connaître, sans doute par politesse, et qu'après tout, il n'est pas voyant. Mais l'autre part de moi s'en bat royalement les couilles et savoure juste cet instant. Ce n'est pas tous les jours qu'un vrai réalisateur viendra me dire ça, alors je mets ma rationalité de côté et je laisse mon esprit vagabonder dans mes rêves d'enfant.

Après le repas, je les raccompagne jusqu'à leur hôtel avec Alexis. En leur disant au revoir, je leur répète que ça m'a fait plaisir de les rencontrer et je les remercie d'avoir participé à ma vidéo. L'envie de demander un rôle dans le prochain film de Philippe Lefebvre me démange mais je préfère m'abstenir pour ne pas paraître trop insistant.

Sur le chemin du retour, j'évoque cette idée avec Alexis en lui expliquant les raisons de ma retenue. Sa réponse me surprend : il est d'avis que j'aurais dû tenter ma chance, que je n'ai rien à perdre. C'est amusant, je pensais qu'il me dirait le contraire. Le même soir, un réalisateur me dit que j'ai mes chances et un directeur de cinéma m'encourage à foncer. Qu'est-ce qu'il me faut de plus pour y croire ?

J'ai posté ces deux courtes vidéos sur ce que j'ai baptisé « le Grand Chelem », à savoir Facebook, Instagram, YouTube et TikTok, en référence au Grand Chelem du tennis. Ces deux vidéos ont marché en cumulant individuellement plus d'un million de vues. Ce qui m'a surpris c'est que j'ai reçu plein de messages de félicitations de la part de mes amis, me disant que je venais de rentrer dans une autre sphère, qu'on me prenait de plus en plus au sérieux en tant qu'humoriste.

Je n'étais pas spécialement d'accord avec eux, mais je ne le leur ai pas dit. Moi, je connais l'envers du décor : j'étais simplement au bon endroit au bon moment. Rencontrer ces célébrités a été une expérience formidable, mais mon fameux syndrome de l'imposteur me rappelle qu'ils ne l'ont pas fait pour moi, mais pour promouvoir leur film. Mais si je continue à y croire, peut-être qu'un jour j'arrêterai de mettre en cause ma légitimité.

J'ai eu une nouvelle opportunité avec le ventriloque Jeff Panacloc quelques semaines plus tard, lui aussi était partant pour faire une vidéo avec moi. Une nouvelle occasion à ne pas laisser passer. Cette fois-ci, sachant que j'avais 30 minutes, j'ai décidé de filmer avec un appareil photo plutôt qu'avec un téléphone. J'y suis allé avec mon réalisateur Clément et mon régisseur Yohann, tout était réuni pour que je sois décontracté. Jeff Panacloc s'est prêté au jeu et le tournage s'est déroulé à merveille.

Après l'avant-première, on est tous allés manger ensemble. J'ai découvert un mec hyper sympa, c'était encore une fois un super moment. Je me souviens de rentrer chez moi avec Yohann et Clément et de remarquer qu'il venait de nous ajouter tous les trois sur Instagram. On s'est alors mis à sauter de joie en se tenant par les épaules, comme des enfants, comme si on venait de gagner la Coupe du monde de foot. Je leur ai alors lancé :

— Euh les gars… on n'en fait pas un peu trop là ?

Ce qui est cocasse, c'est qu'en 2017, j'avais écrit des messages à rallonge à Dubosc et Panacloc pour leur proposer qu'on fasse une vidéo ensemble. Vu le ridicule de ces messages, j'espère qu'ils ne les ont jamais lus ou du moins qu'ils ne s'en souviennent plus. Même moi, je ne m'en souvenais pas avant de relire mes échanges avec Xavier, il y a quelques jours. Je lui avais écrit « je pense qu'ils n'accepteront jamais d'apparaître dans mes vidéos mais qui ne tente rien n'a rien ». C'est juste après avoir réalisé ces deux vidéos que je redécouvre ce message, beau hasard. D'ailleurs, le scénario que j'ai tourné avec Panacloc en 2023 ressemblait, sans que je le sache, à celui que je lui avais proposé en 2017. Je n'avais pourtant jamais relu cette idée, j'en déduis qu'elle était restée cachée dans un coin de ma tête et qu'elle était sans doute destinée à voir le jour.

11

Impossible de spoiler, je n'ai jamais vu la fin

Je me demande parfois qui je serais devenu si l'on ne m'avait pas révélé en 2016 l'existence d'une tumeur cérébrale. Je n'étais pas malheureux, loin de là, mais je n'étais pas réellement comblé, notamment parce que je commençais à m'ennuyer au travail. Une part de moi songeait à tout plaquer mais je n'avais aucune idée du domaine dans lequel j'aurais pu me reconvertir. Pourquoi risquer de tout perdre quand on ignore ce qu'on peut gagner ? Je n'avais pas spécialement de passe-temps à côté de mon job.

Mis à part les cuites avec mes potes tous les week-ends, mon seul loisir était de faire du foot en salle tous les lundis soir. Mais c'était avant de me fracturer la cheville en 2015. Vu les conséquences de ma blessure, mon médecin m'avait vivement déconseillé de poursuivre cette pratique et suggéré de me tourner vers des sports sans contact. Une opération pour réparer un ligament déchiré était envisageable, j'avais catégoriquement refusé, je m'interdisais d'être en arrêt maladie.

La frustration de perdre ce sport m'avait motivé à me lancer dans la course à pied. Je détestais courir et pourtant, trois mois plus tard, je franchissais la ligne d'arrivée d'un marathon. Face à un obstacle, mon instinct me pousse à trouver un moyen de le contourner ou de le franchir, mais certainement pas à faire demi-tour.

Ce n'est pas un simple obstacle mais un mur imposant qui s'est dressé sur ma route en février 2016. À cette époque, j'avais sous-estimé le poids de cette maladie et tant mieux. Mon optimisme et mon innocence m'ont offert un courage inattendu face à cette épreuve. À travers mes opérations, j'ai souvent l'impression d'avoir vécu une seconde naissance.

Sauf que cette fois-ci, contrairement à ma première venue au monde, je me souviens de tout. Comme de ce moment où, après ma première opération, j'ai ouvert les yeux, paniqué, face à mes parents qui m'offraient un sourire bienveillant. On les avait prévenus que je risquais de ne pas les reconnaître, de les percevoir comme des étrangers. J'avais effectivement oublié plein de choses mais pas le visage des deux personnes qui m'ont offert la vie. Tel un enfant, j'ai dû réapprendre des notions élémentaires, pourtant si évidentes.

Je me revois éternuer et me sentir confus. Je me suis immédiatement excusé car je ne me souvenais plus de la signification de ce geste et si on avait le droit de le faire en public. Ma mère a éclaté de rire et m'a expliqué que c'était normal. Heureusement, ce réapprentissage s'est déroulé beaucoup plus rapidement que lors de ma véritable enfance. Un travail quotidien sur ma mémoire m'a permis de me réapproprier ma langue maternelle. Pourtant, de temps en temps, je fais face à des rappels de cette époque, lorsque j'invente des expressions ou que je bute sur mes mots.

Même si on me dit souvent que ça ne se voit pas, ma mémoire reste ma principale faiblesse. Je suis capable d'oublier les prénoms de membres de ma propre famille. Quand ça m'arrive, ça me tourmente, j'essaye de cacher ma frustration. Je n'ai pas le droit d'oublier les prénoms de personnes si importantes pour moi.

Heureusement, j'ai également retrouvé la capacité de comprendre le second degré, et au fil des années, celle de reconstruire un filtre social avec les gens. J'avais retrouvé ce côté désinvolte qui était le mien durant mon adolescence, mais cette fois-ci, pas uniquement avec mes parents, avec toutes les personnes qui croisaient ma route. Je me revois écrire, fin 2016, « bisous » à la place du « cordialement » habituel à la fin d'un e-mail professionnel. Ma mère essayait de m'expliquer que je devais garder une certaine courtoisie, mais à mes yeux, c'était elle qui se trompait. Dans mon esprit, ça me semblait logique de faire preuve de sympathie, même avec mes patrons.

L'avantage de cette seconde enfance, c'est qu'elle m'a offert l'opportunité d'avoir de nouveau des rêves de gamin. Dans ma chambre d'hôpital, je me suis promis de ne jamais abandonner cette nouvelle passion qui venait tout juste de naître.

Même si je n'avais fait que 7 vidéos avant de me faire opérer, c'était devenu une évidence à mes yeux : je voulais devenir vidéaste. Je ne venais pas de trouver un but dans ma vie, c'est lui qui venait de se présenter à moi. C'était la dernière pièce de puzzle qui me manquait pour comprendre comment remplir mon vide existentiel.

Si je pouvais retourner dans le passé, huit ans en arrière, je pourrais confirmer à ce petit jeune que j'ai respecté notre promesse. Que je n'ai jamais abandonné cette nouvelle passion malgré les périodes sombres que ma maladie m'a imposées et les nombreuses remises en question artistiques que j'ai traversées. Je pourrais également recommander à ce petit jeune de ne jamais oublier de remercier sa famille car elle a affronté tous ces événements à ses côtés.

En effet, j'ai insisté auprès de chacun de mes médecins pour que mes parents assistent à tous mes rendez-vous médicaux. Ma famille m'a aidé à comprendre et à accepter les nouvelles règles, plus complexes, de ma seconde vie. Elle m'a toujours rassuré, même quand je ne me rendais pas compte que j'avais besoin de l'être.

Cette maladie aurait été bien plus pesante si je n'avais eu personne pour m'aider à la porter. Je me sens parfois indestructible, peut-être parce qu'ils ont réussi à me convaincre de l'être. Je sais que ce n'est pas ma faute si je suis tombé malade, pourtant je me sens souvent coupable de l'être, d'imposer de la tristesse à mes proches. Dans ma précédente vie, il me semblait évident que j'aimais ma mère mais j'oubliais souvent de lui rappeler à quel point c'est le cas.

L'amour ne doit pas rester subliminal. Ma tumeur m'a offert un joli cadeau : une carte illimitée pour prendre ma maman dans mes bras n'importe où, n'importe quand, pour lui prononcer un sincère « je t'aime ». Mes proches ont également été d'une aide précieuse pour donner de l'ampleur à ma nouvelle passion.

Ils m'ont soutenu et félicité dès ma première vidéo, dès ma première réplique. J'ai toujours pu compter sur eux, sans même avoir besoin de le leur demander, pour trouver des idées, du matériel, des lieux, et même pour jouer à mes côtés.

Chaque fois que je publie une vidéo, mes parents sont les premiers à la liker et à la partager. Je me dis souvent que j'aimerais les rendre fiers de moi mais mon instinct me dit qu'ils n'ont pas eu besoin du Parfait Inconnu pour ça, qu'ils l'étaient avant même que je sois capable de prononcer mon premier mot, que ce soit pour ma première comme pour ma seconde naissance. C'est plutôt à moi de m'autoriser à ressentir cette fierté. J'espère réussir, un jour, à voir mon reflet à travers leurs yeux.

Certaines personnes de mon entourage ne m'ont pas offert le même soutien inconditionnel, en particulier mon ancien meilleur ami. Lorsque j'ai créé mon compte Twitter en 2015, il m'a froidement conseillé de le supprimer en me déclarant que je gaspillais mon temps et que je n'avais aucun talent humoristique. Il a ajouté que je lui faisais pitié d'être aveugle et de commencer à croire que j'étais drôle. Ces mots, prononcés au milieu d'une soirée arrosée, m'ont profondément blessé. J'avais conscience qu'il me rabaissait souvent et que derrière notre amitié se cachait probablement une part de jalousie. Mais cette dernière critique était uniquement destructrice, il n'y avait pas la moindre trace d'encouragement, aucune bienveillance.

Je n'ai pas su trouver les mots pour le contredire car j'étais moi-même hésitant, je n'avais rien prouvé après tout. Son jugement faisait partie des nombreuses excuses que je me trouvais pour ne pas tenter ma chance dans les vidéos. Même sans ma tumeur, j'aurais sans doute finalement osé prendre ce risque à l'approche de la quarantaine, en prenant conscience que mon parcours ne me correspondait pas. En fin de compte, elle m'a offert une crise de la quarantaine avec douze ans d'avance ; rien que pour ça je la remercie.

J'avais demandé des excuses à mon pote pour ses propos blessants mais devant son refus de me les présenter, j'ai décidé de ne plus lui donner signe de vie.

Dix mois plus tard, à la découverte de ma tumeur, j'ai reçu un texto de sa part. Par politesse, j'ai accepté d'aller boire un verre avec lui mais notre rendez-vous était lunaire. Pendant deux heures, il m'a expliqué, sans que je lui demande quelque conseil que ce soit, comment il aurait affronté ma tumeur à ma place, sans prendre en compte mon point de vue et en me rabâchant que moi, je m'y prenais mal. Il m'a ainsi annoncé qu'il aurait caché cette nouvelle à ses parents pour les préserver et qu'il aurait catégoriquement refusé d'être en arrêt maladie pour rester actif professionnellement.

J'ai rigolé intérieurement quand il m'a dit ça car, pour avoir déjà bossé avec lui, je peux confirmer que c'est une grosse feignasse. Pour ma part, j'ai accepté cet arrêt parce que mes nouveaux médicaments m'épuisaient et que je n'avais plus le droit de conduire, ce qui s'avérait complexe puisque j'habitais à plus d'une heure de route de mon bureau. Et heureusement que je l'avais annoncé à mes parents, sinon les premiers mois, j'aurais été obligé de leur mentir constamment en m'inventant une vie parallèle dans laquelle j'aurais continué à travailler. « Ma semaine au boulot s'est bien passée, Michel de la compta s'est fait virer et moi, j'ai obtenu une prime. » Dans tous les cas, il m'aurait été impossible de dissimuler mes deux opérations. Ils auraient peut-être trouvé ça bizarre que, après une éclipse de presque deux mois, je réapparaisse avec 10 kilos en moins, un bandage sur la tête et la voix d'un enfant de 6 ans qui a perdu toute compréhension du second degré. J'aurais pu leur dire quoi ? Que j'avais participé au film *Very Bad Trip 4* ?

Bref, son avis n'était d'aucun intérêt pour moi.

L'ironie du sort c'est qu'en sortant du bar, on a justement croisé les parents de mon soi-disant pote. Je revois son père lui dire :

— T'as pas l'impression d'avoir oublié un truc ?

C'était l'anniversaire de son père et il avait oublié de le lui souhaiter. La famille avant tout ! J'ai levé les yeux au ciel quand je l'ai entendu répondre qu'il n'y avait pas pensé car il était bouleversé par ma maladie. Il jouait mieux la comédie avec eux qu'avec moi. À la base, c'était moi qui lui faisais pitié mais ce soir-là, il avait réussi à inverser les rôles.

Lorsqu'il m'a rendu une visite surprise à l'hôpital, il a rencontré ma version sans filtre. Je lui ai dit que c'était gentil d'être passé et j'ai ajouté, avec la plus grande indifférence, que je ne voulais plus jamais le revoir. Des mots durs à entendre mais au moins, ils étaient clairs.

Mon parcours de vidéaste, ces huit dernières années, pourrait être comparé à l'évolution de ma certification, la fameuse petite pastille bleue que l'on peut obtenir sur les réseaux sociaux. À mes débuts, j'étais un opportuniste qui avait tout à prouver, je me suis donc battu les premières années pour tenter d'obtenir cette distinction, qui était à mes yeux une récompense. Twitter a été la première plateforme à me l'accorder en 2017, suivie par Facebook deux ans plus tard et enfin Instagram en 2020. Quand j'ai réussi à obtenir les trois, c'était pour moi une reconnaissance, j'avais l'impression qu'on me prenait enfin au sérieux. Cependant, ces certifications ont inconsciemment changé l'image que j'avais de moi. En voyant mon nombre d'abonnés augmenter, j'ai commencé à m'autocensurer.

Je n'osais plus écrire des réponses audacieuses aux personnes, comme à mes débuts, je me sentais davantage observé et jugé, alors que ce n'est sans doute pas le cas. Cette peur du jugement m'a épuisé.

Le fait de me faire régulièrement arrêter dans la rue par des enfants, ayant même parfois moins de 10 ans, m'a également forcé à censurer ma créativité. En découvrant que j'étais suivi par énormément de jeunes, mon humour s'est progressivement lissé. Une part de l'audace qui caractérisait mes débuts a disparu.

Depuis peu, il n'y a plus besoin d'avoir de notoriété pour obtenir ces fameuses pastilles bleues, elles peuvent être désormais achetées. Si j'ai bien compris, n'importe qui peut en obtenir une, moyennant 17 euros par mois. J'ai ainsi vu plein de gens autour de moi devenir « *famous* » en très peu de temps.

À mes yeux, cette reconnaissance a perdu sa valeur initiale. Je ne veux pas que les personnes qui me découvrent puissent penser que je paye cet abonnement. Je veux créer du contenu pour mériter cette distinction, pas l'acheter. Je n'ai jamais voulu tricher, pas plus que je n'ai copié les autres créateurs. Désormais, il suffit de débourser 17 euros par mois et de voler des scénarios déjà existants pour devenir célèbre. Les réseaux sociaux sont devenus un Far West virtuel. Cela renforce ma conviction que, pour éprouver une satisfaction authentique, ma carrière devra transcender les frontières des simples réseaux sociaux, peut-être en m'orientant vers la scène ou le monde du cinéma, par exemple.

J'ai toutefois à nouveau ressenti cette reconnaissance lorsque YouTube m'a gracieusement convié à un festival réunissant 200 youtubeurs, en octobre 2023, au siège social de Google à Paris. Je m'y suis rendu avec enthousiasme, même si la perception que j'avais de moi-même était toujours floue. D'habitude, je suis le premier à dire que je ne me considère pas comme un youtubeur car je ne publie pas assez, que je suis loin du million d'abonnés et que je ne parviens toujours pas à en vivre. Sauf que là, c'était différent : je ne m'étais pas incrusté, c'était YouTube qui m'avait ouvert ses portes.

En arrivant dans ses locaux, pour la première fois, l'idée de m'envisager comme un véritable youtubeur m'a traversé l'esprit. Ce festival a incontestablement réanimé ma détermination à poursuivre la création de vidéos, nourrissant le désir de trouver un moyen d'en publier plus régulièrement. Le jour où j'atteindrai le million d'abonnés, je m'engagerai pour une fois à savourer l'instant présent et à le fêter avec toute ma communauté. Ce moment me paraît toujours lointain mais il arrivera peut-être plus tôt que prévu, qui sait.

Récemment, j'ai revu d'anciens amis que j'avais rarement croisés depuis 2016, chacun ayant construit sa vie de son côté. Ils m'ont confié qu'ils trouvaient que j'avais changé, que j'étais différent du pote qu'ils connaissaient autrefois. Je me suis spontanément lancé dans un monologue pour me défendre, en disant que mes vidéos n'avaient pas tant modifié ma personnalité que ça, que c'était avant tout une passion et que je n'avais absolument jamais pris la grosse tête, bien au contraire. J'ai même partagé mes doutes quant à ma trajectoire et à la qualité de mon humour au cours des deux dernières années, avouant que je ressentais comme une stagnation, une lente disparition, et la nécessité de me renouveler.

En rentrant chez moi, je me suis demandé si je n'avais pas interprété leurs propos à contresens. Peut-être que mes anciens potes ne parlaient pas uniquement de mes vidéos, mais tout simplement de moi. Cette passion captive tellement mon attention que j'en oublierais presque que j'ai une vie à côté.

Si c'était ça leur message, alors je confirme que j'ai profondément changé. Lorsqu'ils m'ont connu, j'étais un fêtard qui n'avait pas de but particulier. Désormais, j'en ai un et je me bats chaque jour pour le concrétiser. Ma maladie m'a tellement affaibli physiquement et torturé mentalement qu'elle m'a rendu fort, quasiment indestructible.

Les souvenirs de la personne que j'étais pourraient s'estomper car je ne prends jamais le temps de me replonger dans le passé. Mes yeux sont résolument rivés vers l'avenir. Chaque matin, je me lève en me répétant que le temps est compté, et surtout que j'en aurai moins que prévu. L'avantage de cette philosophie est qu'elle dissipe la peur de l'échec et m'offre suffisamment d'ambition pour me lancer dans des nouveaux projets. L'inconvénient, en revanche, c'est que je vis en étant constamment pressé. Le temps est tellement précieux pour moi qu'il me met une pression constante dans tous les domaines. Je cours comme un dératé vers mes objectifs sans prendre le temps de les célébrer lorsque je parviens à les atteindre.

Parmi la multitude de médicaments que j'ai expérimentés pour affronter ma maladie, celui qui s'est avéré le plus efficace, c'est indéniablement ma passion. Toutefois, ce remède a un effet secondaire puissant : l'addiction. Je ne pense qu'à elle, matin, midi et soir.

L'annonce, en mai 2022, que ma tumeur évoluait moins vite que prévu a provoqué un soulagement en surface, mais à l'intérieur de moi j'ai commencé à redouter un retour à ma vie précédente. Celle où je faisais moins d'effort, où je me trouvais des excuses pour ne pas tenter ma chance.

Cette bonne nouvelle n'en est peut-être pas une. J'adorais le dynamisme et l'audace que ma tumeur m'imposait.

À ce stade, il est encore trop tôt pour moi d'accepter qu'on ne m'opérera peut-être plus jamais. J'ai déjà chuté une première fois face à la découverte de ma tumeur, je refuse donc de retomber de haut le jour où on m'annoncera qu'une nouvelle intervention est inévitable. Je veux rester prêt mentalement.

C'est sans doute la raison pour laquelle j'ai toujours un déséquilibre social dans ma vie, que je n'ai jamais réussi à bâtir une vie personnelle stable. À côté des nombreuses personnes que je côtoie dans le cadre de mes vidéos, je n'ai finalement que peu de vie sociale. Depuis que ma copine m'a quitté, j'ai toujours remis à plus tard la recherche d'une relation durable. Je suis un procrastinateur de l'amour.

C'est en écrivant ce livre que j'ai pris conscience que je n'avais jamais pris le temps de faire le bilan de ces huit dernières années. Mettre des mots sur mes pensées me permet de mieux comprendre les choix que j'ai faits et les chemins que j'ai empruntés. J'aimerais tourner la page temporairement sur ma maladie. Je précise « temporairement » car je sais pertinemment que cette page se représentera d'elle-même devant mes yeux le jour où on m'annoncera que ma tumeur a regagné trop de terrain. En attendant, je souhaite que ma peur de mourir prenne des vacances loin de mon esprit.

Les milliers d'encouragements que je reçois pour mes vidéos sont ma source d'énergie, et ils m'encouragent davantage à persévérer dans mon rêve d'enfant : devenir acteur. Certes, je le suis déjà plus ou moins dans mes vidéos personnelles, mais je ne me sentirai légitime que le jour où ce sera réellement mon métier.

Mon plus grand souhait est de faire rire de plus en plus de monde, que ce soit actuellement, à travers mes vidéos sur YouTube, ou à l'avenir sur scène, dans des films, ou encore sur des plateformes émergentes qui n'ont pas encore vu le jour. Cette passion évoluera sans doute, au rythme des époques, mais je reste convaincu que je ne l'abandonnerai jamais.

L'écriture de cette autobiographie est arrivée à un moment où je commençais à oublier qui se cachait derrière Le Parfait Inconnu. Un enfant qui joue des rôles pour vaincre sa timidité. Qui est devenu réellement vivant après avoir frôlé la mort. Qui utilise cette faiblesse comme une force. Qui vient de se souvenir des rêves qui étaient enfouis au plus profond de lui. Un enfant qui donnera tout pour devenir acteur et qui préférerait cent fois pousser son dernier souffle sur un plateau de tournage plutôt que mourir de vieillesse.

Une tumeur a bouleversé sa vie et ça tombe bien car, sans elle, Le Parfait Inconnu n'aurait jamais vu le jour.

Remerciements

Je tiens à remercier Doris Henry et Elodie Riccetti qui ont permis à ce livre de voir le jour.

Un grand merci à mes parents, mon frère, Élodie, Hugues Duffau, M. Rech, M. Taillandier, Marc, Loïc, Pascalou, Sophie, Nicolas, Yanis, Cécilia, Nathalie, Cédric, Pierre Croce, Titoff, Jérôme Le Banner, Anthony Kavanagh, Bovvary, Greg, Gabriele, Bagdad, Christian, Flore Sigrist, Alexis, Philippe Lefebvre, Franck Dubosc, Philippe Lacheau, Julien Arruti, Tarek Boudali, Jeff Panacloc, Yohann, Clément, Brice et Xavier Le Gall.

Enfin, je remercie tous mes proches qui m'ont soutenu, dans les bons comme dans les mauvais moments, et sur qui je pourrai toujours compter.

Achevé d'imprimer en avril 2024
sur les presses de la Nouvelle Imprimerie Laballery
58500 Clamecy
Numéro d'impression : 403826

Imprimé en France

La Nouvelle Imprimerie Laballery est titulaire de la marque Imprim'Vert®